AF610967

Couverture inférieure manquante

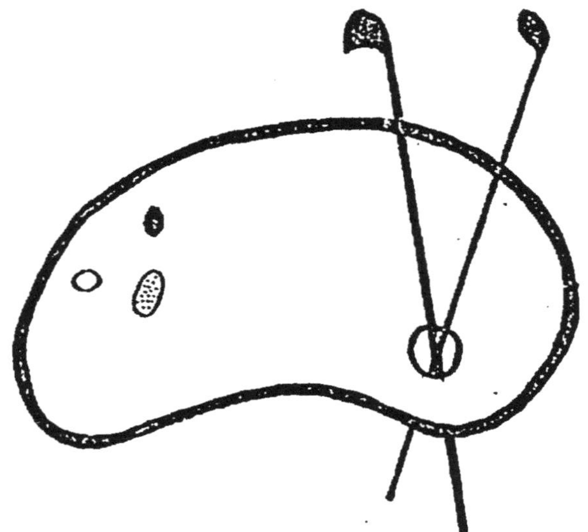

DEBUT D'UNE SERIE DE DOCUMENTS
EN COULEUR

Conserver la Couverture

R
291.

662

LE MONISME

LIEN ENTRE

LA RELIGION ET LA SCIENCE

PROFESSION DE FOI D'UN NATURALISTE

PAR

ERNEST HAECKEL
PROFESSEUR A L'UNIVERSITÉ D'IÉNA

PRÉFACE ET TRADUCTION

DE

G. VACHER DE LAPOUGE

PARIS
LIBRAIRIE C. REINWALD
SCHLEICHER FRÈRES, ÉDITEURS
15, RUE DES SAINTS-PÈRES, 15

1897

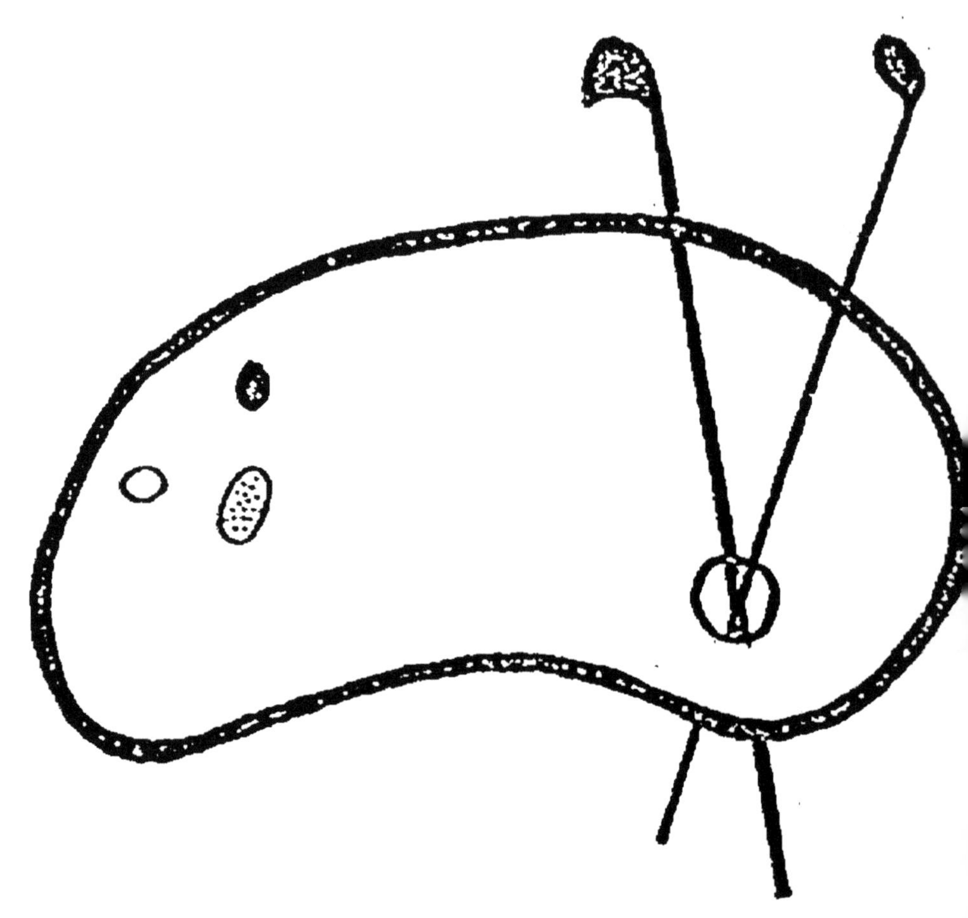

FIN D'UNE SERIE DE DOCUMENTS
EN COULEUR

LE MONISME

LIEN ENTRE

LA RELIGION ET LA SCIENCE

8R
14291

LE MONISME

LIEN ENTRE

LA RELIGION ET LA SCIENCE

PROFESSION DE FOI D'UN NATURALISTE

PAR

ERNEST HAECKEL

PROFESSEUR A L'UNIVERSITÉ D'IÉNA

PRÉFACE ET TRADUCTION

DE

G. VACHER DE LAPOUGE

PARIS

LIBRAIRIE C. REINWALD

SCHLEICHER FRÈRES, ÉDITEURS

15, RUE DES SAINTS-PÈRES, 15

1897

PRÉFACE DU TRADUCTEUR

Le Français n'a point la religion facile, et la publique confession de foi faite à Altenbourg par l'apôtre du darwinisme moniste n'a éveillé d'écho parmi nous que chez quelques hommes très savants. En présence d'une religion qui croule, nous cherchons à écarter les discussions avec notre conscience en évitant de penser à de trop inquiétants problèmes. Cela n'est ni sensé ni bien efficace. Tels que nous ont faits une longue sélection et l'éducation première, la croyance nous est aussi nécessaire que le pain. Il vaut mieux chercher à concilier ce besoin devenu naturel avec les exigences de la science, qui nous a révélé, de vérité certaine, combien incompatibles sont nos anciennes croyances avec l'histoire, la physique et la biologie.

Pour réagir contre la dissolution de la foi religieuse, les uns ont cherché à implanter chez nous un néo-bouddhisme, un néo-islamisme, d'autres ont ressuscité des débris de religions empruntés à l'antique Orient. Bien peu ont cherché à demander une religion à la science, et à substituer tout au moins au credo des hypothèses détruites un credo d'hypothèses vraisemblables.

La crise de doute et de lassitude que nous traversons, et qui nous déprime, n'est pourtant que la crise de transition des religions fondées sur une métaphysique incertaine et sur les aspirations du pur sentiment à la religion définitive, dictée par la science. C'est la science qui nous donnera, — combien différentes de celles d'autrefois! — la religion nouvelle, la morale nouvelle, et la politique nouvelle.

La crise, en effet, n'est pas simplement religieuse; le principe de toute croyance est atteint. Des dogmes longtemps discutés le débat se transporte aujourd'hui sur le terrain éthique, toujours regardé comme intangible, et le vingtième siècle verra entre la morale scientifique et les morales religieuses, entre la politique sélectionniste et les autres une plus formidable bataille que celles de la Réforme et de la Révolution.

Ici le conflit n'est plus entre des abstractions. Ce sont les actes mêmes de la vie humaine, les actes quotidiens qui sont différemment jugés, vertueux ou pervers, prescrits ou proscrits, suivant que l'on adhère à la morale révélée ou à la morale démontrée. Dans ce conflit, les deux religions à morale paradoxale, le bouddhisme et le christianisme, sont celles qui auront le plus à souffrir, et l'islamisme aura le grand avantage de n'être indirectement touché que dans des prescrits d'importance secondaire.

En somme, notre époque d'apparente indifférence est le commencement de la plus grande crise religieuse et morale qui ait secoué l'humanité depuis qu'elle pense.

Et la politique elle-même est touchée, car à la formule célèbre qui résume le christianisme laïcisé de la Révolution : Liberté, Égalité, Fraternité, — nous répondrons : Déterminisme, Inégalité, Sélection !

Le professeur d'Iéna adressait son discours à des naturalistes, pour lesquels l'histoire de la terre et l'origine des espèces sont choses connues en détail et avec certitude. Le public en général, et surtout le public français peu nourri, — hasard ou intention ! — de sciences nouvelles, se trouve dans des conditions différentes. Rappelons donc d'une manière succincte les points sur lesquels la géologie et la biologie ont de notre temps mis la Bible en échec.

Je ne crois guère utile de parler de la création en six jours. L'antinomie est irréductible, il faut choisir entre le récit biblique et l'existence de la géologie. De là une défaveur inconsciente mais pratiquement bien marquée de la géologie, qui a beaucoup contribué à empêcher presque entièrement l'enseignement de cette science. Dans nos Universités françaises, elle est enseignée aux seuls candidats à la licence et à l'agrégation de sciences naturelles. Elle est exclue du programme d'enseignement scientifique général imposé aux futurs étudiants en médecine, dans leur stage préparatoire de la Faculté des Sciences. Dans l'enseignement secondaire, elle ne figure à aucun programme d'examen, et cependant avec quel avantage pour le développement de l'esprit la géologie et la phylogénie ne remplaceraient-elles pas le catéchisme et même les élucubrations de la philosophie, viandes creuses ruminées, remâchées et resucées depuis tantôt trois mille ans ! On l'enseigne, il est vrai, dans les Lycées, mais aux enfants de douze à treize ans, et si prudemment que la haute signification en échappe aux élèves. En même temps d'ailleurs, et sur le même pied, un autre professeur, l'aumônier, enseigne d'ordinaire la doctrine de l'hexaméron. J'ai sous les yeux le catéchisme de Rennes. Il commence par cette affirmation plutôt hardie : « Il plut à Dieu de créer le monde *en six jours*. » Voilà trois mots de trop. Ce catéchisme est fait pour les Bretons, il est vrai, mais même un Breton soumis à deux enseignements officiels et contraires a quelque droit d'être perplexe.

La création individuelle des espèces est encore une partie de l'édifice cosmogonique judéo-chrétien qui s'est entièrement écroulée. La doctrine transformiste de Lamarck, de Darwin et de leurs émules a fait table rase des mythes créationnistes de la Genèse. Tous les jeunes naturalistes sont transformistes, et les opposants se font rares. Avec des hommes qui ne peuvent plus redresser les plis de leur mémoire, il n'y a pas à discuter. Il suffit d'attendre qu'ils meurent, comme Quatrefages : et ce fut l'acte le plus méritoire de sa vieillesse.

La masse des gens instruits n'est pas aussi convaincue. Si la doctrine darwinienne est celle de la plupart des naturalistes qui enseignent dans nos Facultés, et d'un nombre croissant de professeurs de l'enseignement secondaire, le transformisme est en dehors de tous les programmes, et ce n'est point sans s'exposer à des animosités fâcheuses que ses adeptes pourraient faire passer leurs convictions dans l'esprit des jeunes générations. En général, ils se taisent, et comme leurs devancières ces jeunes générations entrent dans le monde n'ayant que des idées générales ou plutôt inexactes sur la solution donnée au problème des origines. Nourries de lettres inoffensives, mal armées pour juger, elles resteront hésitantes entre la science dont on ne leur a point enseigné les conclusions cosmogoniques et la théologie dont nul n'a chez nous le souci d'étudier les doctrines.

Si l'on n'admet pas la théorie de la transformation, il faut être partisan de celle de la création successive des espèces, car il n'est pas permis de se retrancher derrière un positivisme de parade et de dire *je ne sais pas* en présence d'une question qui ne comporte pas plus de deux termes, dont l'un choque tout esprit sérieux.

Il faut prendre une bonne fois corps à corps la croyance à la création. Elle suppose un miracle à l'origine de chaque espèce. Il n'est pas nécessaire d'être bien fort en paléontologie pour savoir que chaque période géologique, si courte qu'elle puisse être, est marquée par l'apparition de nouvelles espèces. Ce serait donc un phénomène souvent répété et relativement fréquent que ce miracle de la création. Sur un point déterminé du globe, le Créateur manifesterait ainsi sa puissance en formant un couple ou une femelle pleine, ou une troupe d'animaux. Avec quoi : non point par une retouche d'êtres existants, et en modifiant leur mode de développement, ce qui choquerait moins, mais avec des matériaux inorganiques, chaux, phosphore, carbone, azote, hydrogène, avec des atomes convoqués de toutes parts ou créés de toutes pièces. Ce miracle, nul homme ne l'a vu, et le savant n'a pas pour celui-là comme pour certains autres à regretter que la Divinité officie seulement devant les simples.

Rigoureusement il est impossible de nier qu'il puisse ou qu'il ait pu se produire. Scientifiquement, il atteint les dernières limites de l'improbable. La science se contente de la probabilité ou de l'improbabilité, aussi rapprochées que possible de l'infini comme limite. Seules la théologie et la philosophie ont l'orgueil de la certitude absolue, et nos adversaires sont élèves de ces deux disciplines. Il n'est pas inutile d'inviter néanmoins les partisans de la création à réfléchir et à essayer de se représenter ce spectacle de la création d'une espèce. Ils seront peut-être moins convaincus l'instant d'après, pour peu que leur esprit soit ouvert et leur jugement sain. Il n'y a pas lieu de répondre que les mystères sont inconcevables, ici la question se pose sous une forme tangible : l'apparition d'un corps volumineux, pesant, coloré, animé, dans une portion de l'espace où l'instant d'avant il n'y avait rien, phénomène précédé lui-même d'une concentration de matière se manifestant de telle et telle façon, et accompagné d'une manifestation corporelle ou dynamique de la Divinité même. Voilà le problème qu'il faut prendre corps à corps, au lieu d'éviter de penser trop et d'examiner de près.

L'origine animale de l'homme n'est guère contestée par ceux qui se livrent aux recherches d'anatomie comparée, d'embryogénie et surtout d'anthropologie ; ces études provoquent la conviction d'une manière certaine et rapide. Aussi que d'obstacles apportés chez nous au développement de cette dernière science ! Ceux-là seuls le savent qui l'ont faite ce qu'elle est. J'ai personnellement souffert des efforts désespérés faits par les Facultés pour empêcher l'implantation chez elles de cet enseignement hérétique, et ces efforts, qu'on ne s'y trompe point, venaient aussi bien des prétendus libres penseurs que des cléricaux. Affranchis du dogme et du rite, mais esclaves du reste, les premiers conservent toute la couche profonde des préjugés des seconds et remplacent la couche superficielle par d'autres préjugés tout aussi condamnés par la science.

Si mal comprise que soit la question des origines de l'homme, et malgré les obstacles apportés à son exacte connaissance, les classes instruites tout au moins en ont une idée vague et leur attitude n'est plus celle d'il y a vingt ans. Il suffit pour en juger de l'accueil reçu par la découverte faite à Java du *Pithecanthropus erectus*, forme du pliocène supérieur voisine de l'*H. neanderthalensis*, et qui est venue récemment combler la lacune entre l'homme et l'ancêtre animal direct encore inconnu. Cette découverte n'a provoqué ni émotion ni surprise dans le public intelligent. Depuis longtemps elle était prévue.

L'antinomie de la science et de la Bible devrait être d'autant plus vivement sentie en France que les Français appartiennent presque tous à l'Eglise romaine, dont le clergé s'est appliqué à combattre et à dénaturer les vérités scientifiques avec une ignorance et une mauvaise foi regrettables. Les clergés protestants, composés d'hommes plus instruits et plus avisés, se sont bien gardés de défendre avec un entêtement si puéril des dogmes qui mettent le croyant en demeure d'opter entre la science et la foi, entre la tradition et la vérité d'expérience. Ils concèdent en général que la Bible, dans sa rédaction actuelle, date des temps fixés par l'exégèse, que la malencontreuse cosmogonie est seulement l'œuvre d'un homme faillible, et après tout bien supérieure aux cosmogonies ses contemporaines. J'en ai vu enfin supposer que Darwin pouvait être une sorte de prophète envoyé pour compléter la révélation. Le transformisme ne leur semble aucunement incompatible avec la foi, et l'origine de l'homme leur paraît très admissible, en acceptant la théorie de la retouche. Le clergé israélite est engagé dans les mêmes voies, et les catholiques sérieux évoluent. Les jeunes prêtres instruits arrivent aux mêmes concessions que le clergé protestant, ou à peu près. Mais ce catholicisme qui s'en va par morceaux, est-ce bien encore le catholicisme? Le propre de cette religion n'était-il pas la doctrine du bloc dont aucun grain de sable ne pouvait être détaché sans sacrilège? Quand on prend de telles libertés avec le livre sacré, on est bien près d'en prendre d'autres.

La seule religion qui reste à peu près intacte en présence des révélations de la science est l'islamisme, et il est permis de se demander si, dans un avenir peu éloigné, les masses chrétiennes n'iront pas à l'islam, tandis que les classes instruites s'élèveront à des conceptions religieuses d'un ordre plus relevé. C'est une grande force pour l'islamisme que d'être dégagé de toute la cosmogonie mosaïque, exempt de tout anthropomorphisme divin, et de rejeter l'intervention du surnaturel pour remettre la direction de l'univers à une sorte de déterminisme bien semblable à celui de la science. C'est plus qu'il n'en faut pour séduire les esprits religieux assez instruits pour n'admettre ni l'hexaméron, ni l'anthropomorphisme de Dieu et son intervention dans chaque détail trivial de l'existence humaine. La vraie foi n'est pas faite pour tous, elle n'est en ce moment accessible qu'à l'homme instruit, et la foule moins ignorante que par le passé pourra encore s'en tenir avec avantage à des formules religieuses moins opposées à la vérité que celles du christianisme.

La constitution de la religion et de la morale nouvelles sera l'œuvre des siècles. Il n'y a pas de religion ni de morale qui se soient formées autrement. L'évolution se fera par la discussion, et sous la pression de vérités nouvelles découvertes par la science. La confession religieuse d'Haeckel restera comme un des premiers monuments de la foi nouvelle, et c'est à ce titre qu'il convient de la présenter à ceux qui pensent.

Haeckel en écrivant son discours était loin de l'idée de formuler un credo complet, définitif et obligatoire. Je pense cependant que les lignes principales de sa doctrine religieuse ne seront pas profondément modifiées par la suite des siècles. Le panthéisme moniste en soi est inébranlable. Les questions particulières qui s'y rattachent restent au contraire en partie discutables, même en des points importants, et subiront des retouches que l'âge présent ne saurait seulement prévoir.

Je me trompe peut-être, étant un ignorant en métaphysique, mais je ne saurais, pour ma part, admettre qu'il y ait eu un temps où dans l'infinité de l'espace l'éther était seul, ni un temps où les atomes n'étaient point constitués en éléments. Car pourquoi le Dieu-Éther aurait-il créé? pourquoi en ce temps précis? C'est une autre forme du biblique *Bereshit bara Elohim arets*... Je crois que de toute éternité, suivant des lois fixes, la matière sort de l'éther et revient à l'éther, que les éléments et les corps se composent, se décomposent et se recomposent. Je ne crois pas davantage à la conclusion nécessaire de la doctrine du progrès, au monde arrivant à l'entière conscience, et à l'action uniquement consciente sur lui-même. Ce qui est éternel ne saurait avoir ni commencement ni fin, et les phénomènes d'évolution ne peuvent être que locaux, temporaires, donc partiels, se compensant dans le grand tout.

Si l'on admet l'évolution rectiligne en quelque sorte, et partant d'une forme pour n'y retourner jamais, si la marche est supposée se faire constamment d'un état qui est le mal vers un état qui est le bien, l'idée de commencement, de but et de cause extérieure devient presque nécessaire à notre raison telle qu'elle est. Mais nous arrivons ainsi à l'antinomie métaphysique du temps et de l'éternité, de l'espace fini et de l'infini, et nous retournons à la chaîne sans fin des questions : « Pourquoi le Dieu-Cause a-t-il agi? et que faisait-il avant? et pourquoi la cause de la cause? » Le monde panthéiste comporte une existence nécessairement ondoyante et diverse, et l'infinité des combinaisons dans l'espace infini et le temps infini. L'évolution se fait dans tous les sens, toujours et partout, sans finalité.

Je ne crois pas davantage à la supériorité que l'auteur prête à la morale du christianisme, et j'en ai dit autre part mes raisons (1). Elle n'est ni désintéressée ni sage. Elle est instinctivement et irrémédiablement commerciale. Elle est en somme un ensemble d'actes de négoce avec Dieu, où l'homme cherche à donner le moins pour obtenir le plus. C'est toujours le système éthique des primitifs et de l'ancien Orient. Le personnage avec qui l'on traite est conçu de même comme un tyran oriental. Tout ce semblant d'austérité, voire d'ascétisme, n'est fait que pour capter les bonnes grâces d'un Dieu puéril, capricieux et cruel, omniscient, tout-puissant mais dépravé, un Dieu dégénéré supérieur, qui aime à voir souffrir et se laisse séduire et désarmer par la souffrance et la privation volontaires.

La morale de charité du christianisme est le plus souvent impie, sa morale sexuelle la plus immorale des aberrations. Ceux qui du christianisme ont rejeté les dogmes et conservé la morale ont rejeté aussi la sanction, mais réduite à un catéchisme d'actes désintéressés la morale chrétienne n'en reste pas moins autant que celle du bouddhisme un danger social et une impiété (2). Car chacun de nous appelle impie ce qui est contraire à sa religion, et rien n'est plus contraire au panthéisme sélectionniste.

Sans réserve, je m'associe au grand naturaliste dans la profession du dogme moniste suprême : Dieu est tout, dans tout, partout. Il est éternel, il est infini. Mais j'ajoute ce complément nécessaire, résumé des derniers progrès de la théologie et de la morale sélectionnistes :

Dieu a conscience par la hiérarchie des êtres qui sentent et qui pensent, depuis la monère en qui l'âme s'éveille jusqu'au savant qui connaît l'infiniment grand et l'infiniment petit, fouille la goutte d'eau et la nébuleuse, mesure la force et pèse la matière, pénètre le passé et prévoit l'avenir. C'est pourquoi le savant est l'avatar partiel de Dieu, c'est pourquoi le but moral de l'homme est la plus grande conscience (3). La moindre parcelle de matière est Dieu agissant, le savant à la conscience totale serait Dieu pensant.

Le Croisic, 6 août 1896.

G. DE LAPOUGE.

PRÉFACE DE L'AUTEUR (1)

La conférence suivante sur le Monisme est un simple discours de circonstance. Elle fut improvisée le 9 octobre 1892 à Altenbourg, durant le jubilé du 75e anniversaire de la Naturforschende Gesellschaft des Osterlandes. La cause directe de cette improvisation fut un discours prononcé dans cette cérémonie par M. le professeur Schlesinger de Vienne sur les articles de foi des sciences naturelles (*naturwissenschaftliche Glaubensätze*). Plusieurs propositions de ce discours philosophique touchaient les questions les plus importantes et les plus élevées de la connaissance de la nature par l'homme, certaines étaient indiscutables, d'autres de ses assertions réclamaient une réponse immédiate et l'exposition des idées contraires. Comme moi-même, depuis trente ans, je m'occupe de l'étude approfondie de ce problème de philosophie naturelle, et comme j'ai exposé dans divers écrits mes convictions monistes, il me fut de la part de nombreux membres exprimé le désir de les voir résumer dans cette circonstance solennelle. C'est pour répondre à ce désir que la présente Profession de foi d'un naturaliste fut faite.

Son contenu essentiel, tel que je l'écrivis de mémoire le lendemain du jour où elle fut prononcée, parut d'abord dans l'*Altenburger Zeitung* du 19 octobre 1892 (Nr. 246, 2e feuille). Une réimpression de cette première communication, avec quelques suppléments philosophiques, parut dans le fascicule de novembre de la *Freie Bühne für den Entwickelungskampf der Zeit* (Berlin, III, 11). Dans le présent mémoire le discours d'Altenbourg est augmenté de propositions importantes, et certaines parties sont plus développées. Dans les notes j'ai éclairci dans le sens moniste quelques problèmes brûlants du temps présent.

Le but de ma sincère profession de foi moniste est double. Je voudrais d'abord donner une idée de la conception rationnelle du monde qui nous est imposée comme une nécessité logique par les récents progrès de la connaissance unitaire de la nature. Elle se trouve au fond chez tous les naturalistes indépendants et qui pensent, bien qu'un petit nombre seulement ait le courage ou éprouve le besoin de le confesser. Je voudrais ensuite établir par là un lien entre la religion et la science, et contribuer ainsi à faire disparaître l'opposition que l'on a établie à tort et sans nécessité entre ces deux domaines supérieurs de la pensée humaine. Le besoin moral de notre sentiment sera satisfait par le Monisme, autant que le besoin logique de causalité de notre jugement.

Que ce rapprochement naturel de la croyance et de la science, cette conciliation rationnelle du sentiment et du jugement, deviennent chaque jour un besoin plus pressant dans les sphères éclairées, c'est ce qui résulte du flot montant des brochures et des livres publiés sur la matière. Dans l'Amérique du Nord, à Chicago, paraît déjà depuis plusieurs années une revue hebdomadaire qui a cet objectif : *The open Court, a weekly Journal devoted to the Work of conciliating Religion with Science.* Son excellent éditeur, le Docteur Paul Carus, auteur de *The Soul of Man*, publie en outre une autre revue trimestrielle sous ce titre : *The Monist, a quarterly Magazine.* Il serait fort à désirer que ces précieuses tentatives de rapprochement entre la considération positive de la nature et la spéculation, entre le réalisme et l'idéalisme fussent mieux appréciées et plus encouragées, car c'est seulement par leur union naturelle que nous pouvons nous approcher du but suprême de notre activité intellectuelle, la fusion de la religion et de la science dans le Monisme.

Iéna, 31 octobre 1892.

ERNEST HAECKEL.

LE MONISME

Une société qui a pour but l'investigation de la nature et la connaissance de la vérité ne peut fêter plus dignement son Jubilé que par l'examen de ses problèmes généraux les plus importants. Nous devons donc nous féliciter que l'orateur, dans une circonstance aussi solennelle que le Jubilé de la soixante-quinzième année de notre Société des Naturalistes ait choisi pour thème de sa conférence un sujet de la plus haute importance générale. On a trop, dans les circonstances semblables et en particulier dans les séances générales de la grande Réunion des naturalistes et des médecins allemands, l'habitude sans cesse plus marquée de prendre pour sujet du discours une étroite question de spécialité, d'un intérêt limité. Bien que cette habitude croissante puisse être excusée aussi par la division croissante du travail et par la spécialisation divergente dans toutes les branches du travail, on devrait cependant plutôt, à l'occasion de ces fêtes, soumettre à l'attention de l'assistance de plus grands sujets et d'un intérêt plus général.

Un sujet de cette grande importance est celui sur lequel M. le professeur Schlesinger vient de développer ses idées personnelles : les principes de la foi du savant (5). Je me réjouis d'être d'accord avec lui sur de nombreux points importants, bien que sur d'autres j'aie à présenter quelques doutes, et à vous exposer des vues différentes. D'abord je suis pleinement d'accord avec lui sur la conception unitaire de la nature entière, que nous désignons d'un mot sous le nom de Monisme. Nous exprimons ainsi sans nul doute la conviction qu'un esprit est en tout, et que tout le monde connaissable existe et se développe d'après une loi fondamentale commune. Nous insistons en particulier par là sur l'unité fondamentale de la nature organique et inorganique, dont la dernière a commencé relativement tard à évoluer de la première (6). On ne peut pas plus tracer une limite exacte entre ces deux domaines principaux de la nature qu'on ne peut établir une distinction absolue entre le règne animal et le règne végétal, ou entre le monde animal et le monde humain. En conséquence nous regardons aussi toute la science humaine comme un seul édifice de connaissances, nous repoussons la distinction habituelle entre la science de la nature et celle de l'esprit. La seconde n'est qu'une partie de la première, ou réciproquement les deux n'en font qu'une. Notre conception moniste de l'univers appartient donc à ce groupe de systèmes philosophiques que l'on désigne à un autre point de vue sous les noms de mécanistes ou panthéistes. Si différemment qu'elles soient exprimées dans les systèmes d'un Empédocle et d'un Lucrèce, d'un Spinoza et d'un Bruno, d'un Lamarck et d'un Strauss, cependant subsistent les idées fondamentales communes de l'unité cosmique, de la solidarité inséparable de la force et de la substance, de l'esprit et de la matière, ou, comme on peut le dire aussi, de Dieu et du monde. Personne n'a donné de cette conception une expression plus poétique que le plus grand de nos poètes et de nos penseurs, Goethe, dans son *Faust* et dans son merveilleux poème *Dieu et le Monde*.

Pour l'exacte appréciation de ce Monisme, qu'on nous laisse d'abord du haut des considérations philosophico-historiques, jeter un regard d'ensemble sur le développement historique de la connaissance humaine de la nature. Une longue série de périodes psychiques et de stades de civilisation de l'homme défile devant l'œil de l'esprit. Au plus bas degré, le stade grossier, nous pouvons dire animal, de l'homme préhistorique primitif, cet anthropopithèque qui pendant l'époque tertiaire s'est un tout petit peu élevé au-dessus de ses parents pithécoïdes immédiats, les anthropomorphes. Puis vient une série de stades de civilisation du niveau le plus bas, de la simplicité desquels nous ne pouvons avoir une idée partielle que par les sauvages les plus grossiers qui existent aujourd'hui. A ces sauvages confinent les peuples les moins civilisés, et de ceux-ci une longue rangée d'échelons intermédiaires conduit aux peuples civilisés les plus élevés.

Ces derniers seuls, et parmi les douze races d'hommes seulement la méditerranéenne et la mongolique ont fait ce que nous appelons improprement l'histoire universelle, qu'il conviendrait de nommer plus exactement l'histoire des nations. L'espace de temps qui comprend celle-ci, et aussi les tentatives de connaissance scientifique, s'étend à peine sur six mille ans, une période singulièrement courte dans la longue série de millions d'années de l'histoire du monde organique terrestre.

Chez les plus anciens hommes primitifs, ou anthropopithèques, et chez les sauvages qui en sont immédiatement sortis, nous ne pouvons pas encore parler d'une connaissance de la nature. Le grossier sauvage primitif de ce degré le plus inférieur n'est pas encore *l'animal des causes premières* (*Ursachenthier*) de Lichtenberg, son besoin de causalité ne s'élève pas encore au-dessus de celui des singes et des chiens, sa curiosité ne s'est pas encore élevée au pur besoin de savoir. Voulons-nous à propos de l'homme pithécoïde primitif parler de raison, il nous faut le faire seulement dans le même sens que nous le faisons des mammifères d'un développement supérieur, et il en est de même pour les premiers rudiments de religion (7).

On a fréquemment l'habitude aujourd'hui de dénier tout à fait la raison et la religiosité aux animaux. Au contraire, la comparaison suivante conduit à la conclusion opposée. Le perfectionnement lent et incessant que la vie civilisée a réalisé dans l'âme humaine pendant le cours des siècles ne s'est pas accompli sans laisser aussi des traces dans l'âme de nos mammifères domestiques les plus élevés, en particulier le chien et le cheval. En étroite communauté de vie avec l'homme et sous l'influence de son éducation, des associations d'idées sans cesse plus élevées se sont développées aussi dans leur cerveau, ainsi qu'un jugement plus parfait. Le dressage est devenu instinct, un exemple irréfutable de l'hérédité des qualités acquises (8).

La psychologie comparée nous apprend à connaître une longue, longue série de degrés historiques de développement de l'âme dans le règne animal. C'est seulement chez les vertébrés les plus élevés, les oiseaux et les mammifères, que nous reconnaissons les premiers commencements de la raison, les premières traces des rapports religieux et moraux. Chez eux nous ne trouvons pas seulement les vertus sociales de tous les animaux supérieurs vivant en société (amour du prochain, amitié, fidélité, sacrifice, etc.), mais aussi la connaissance, le sentiment du devoir et la conscience, et à l'égard de l'homme, être dominant, la même obéissance, la même soumission, le même besoin d'être protégés que les sauvages manifestent envers leurs dieux. Aux derniers comme aux premiers manque encore ce degré supérieur de la connaissance et de la raison, qui tend à connaître le monde environnant, et qui représente le premier commencement de la philosophie, de la science de l'univers. C'est là une première conquête, bien postérieure, des peuples civilisés ; elle s'est développée d'une manière lente et continue avec les sphères les plus inférieures de la conception religieuse pour base.

A ce degré de la religion primitive, et aussi de la philosophie primitive, l'homme est encore bien éloigné de la conception moniste.

Quand il recherche les causes premières des phénomènes et y applique son intelligence, il est toujours disposé à considérer des êtres personnels, et spécialement des dieux semblables à l'homme, comme les facteurs qui les produisent. Dans le tonnerre et l'éclair, dans la tempête et le tremblement de terre, dans le cours du soleil et de la lune, dans tout changement météorologique ou géologique remarquable, il voit la manifestation immédiate d'un dieu personnel ou d'un génie, et il les imagine d'ordinaire plus ou moins anthropomorphes ou semblables à l'homme. Il distinguera de bons et de mauvais dieux, des ennemis et des amis, des conservateurs et des destructeurs, l'ange et le diable.

Cela se produit à un plus haut degré quand le besoin croissant de connaître s'attaque aux manifestations plus élevées de la vie organique, la formation et la destruction des plantes et des animaux, la vie et la mort de l'homme. La composition ingénieuse et adaptée à son but de l'organisme vivant conduit immédiatement à une comparaison avec les œuvres de l'art humain construites suivant un plan, et l'idée indéterminée d'un dieu personnel se change en celle d'un dieu qui construit d'après un plan. Il est notoire que cette conception de la création organique, comme œuvre d'art d'un dieu anthropomorphe, d'un constructeur divin, s'est maintenue très générale encore jusqu'au milieu de notre siècle, bien que déjà depuis plus de deux mille ans d'éminents penseurs l'aient démontrée insoutenable. Le dernier naturaliste de marque qui l'ait soutenue et développée fut Louis Agassiz, mort en 1873. Dans son remarquable *Essai sur la classification* (1857) il a développé cette théosophie dans toutes ses conséquences et l'a par suite conduite à l'absurde (9).

Tous les plus anciens systèmes religieux et téléologiques, ainsi que les systèmes philosophiques qui en découlent, par exemple ceux de Platon, des Pères de l'Église, sont antimonistes, ils se trouvent en opposition de principe avec notre philosophie moniste de la nature. La plupart de ces anciens systèmes sont dualistes, puisqu'ils considèrent Dieu et le Monde, le créateur et la création, l'esprit et la matière comme deux substances entièrement séparées. Ce dualisme évident se trouve aussi dans la plupart des pures religions d'Églises, en particulier dans ces trois principales formes du monothéisme que les trois plus célèbres prophètes de l'Orient méditerranéen, Moïse, Christ et Mahomet ont fondées. Déjà cependant, dans beaucoup de sectes impures de ces trois principales religions méditerranéennes, et encore plus dans les basses formes de religion de l'antiquité, on trouve au lieu de ce dualisme un pluralisme religieux. Au dieu bon conservateur

(Osiris, Ormuzd, Vischnou), se trouve opposé un dieu mauvais et destructeur (Typhon, Ahriman, Siva). De nombreux demi-dieux ou saints, bons et mauvais, des fils et des filles des dieux, s'associent à ces deux divinités principales et partagent avec elles l'administration et le gouvernement du Cosmos.

Dans tous ces systèmes dualistes et pluralistes de conception du monde, il faut reconnaître pour idée fondamentale la plus importante l'anthropomorphisme, l'humanisation de Dieu. L'homme lui-même, comme un être semblable à Dieu, ou dérivant directement de lui, prend une place particulière dans le monde, et est séparé du reste de la nature par un abîme profond. Le plus souvent se joint à cela l'idée anthropocentrique, la conviction que l'homme est le point central de l'Univers, le dernier et suprême but de la création, et que le reste de la nature a été fait seulement pour servir à l'homme. Au moyen âge on ajoutait encore à cette dernière proposition l'idée géocentrique, d'après laquelle la terre, comme résidence de l'homme, occupait le point central exact du système du monde, le soleil, la lune et les étoiles tournant autour de la terre. De même que Copernic (1543) a donné le coup mortel au dogme géocentrique fondé sur la Bible, Darwin (1859) en a fait autant au dogme anthropocentrique intimement connexe au premier (10).

Une comparaison générale, historique et critique des divers systèmes religieux et philosophiques donne pour résultat principal *que chaque grand progrès dans la connaissance approfondie comporte un éloignement du dualisme traditionnel, ou du pluralisme, et un rapprochement du monisme.* Toujours plus clairement s'impose à la raison en travail la nécessité de ne plus opposer Dieu au monde matériel comme un être extérieur, mais de le placer au fond du Cosmos même comme force divine ou esprit moteur. Il devient sans cesse plus clair pour nous que toutes ces manifestations étonnantes de la nature qui nous environne, organique et inorganique, sont des productions différentes d'une seule et même force première, des combinaisons différentes d'une seule et même matière fondamentale. Toujours plus irrésistible se montre à nous la notion que notre âme humaine est seulement une partie infime de cette âme universelle qui englobe tout, de même que notre corps humain est seulement une parcelle individuelle du grand corps organisé de l'univers.

Pour servir de base exacte et même en partie mathématique à cette conception unitaire de la nature, les grandes découvertes générales de la physique et de la chimie théoriques sont venues fournir des matériaux. Depuis que Robert Mayer et Helmholtz ont établi la loi de conservation de l'énergie, il est démontré que l'énergie dans le monde constitue une quantité constante et immuable; même quand une force paraît diminuer ou disparaître, il ne s'agit que de la transformation d'une force en une autre. De même la loi de Lavoisier sur la conservation de la matière nous apprend que la matière du Cosmos représente une quantité constante et invariable; même quand un corps semble disparaître, par exemple dans la combustion, ou apparaît comme nouveau, par exemple dans la cristallisation, il s'agit toujours seulement d'un changement de forme ou de combinaison.. Ces deux grandes lois, la loi fondamentale physique de la conservation de la force et la loi fondamentale chimique de la conservation de la matière, nous pouvons les réunir dans un concept philosophique, la loi de conservation de la substance. Dans notre conception moniste, en effet, la force et la matière sont inséparables, et de simples manifestations différentes d'une même essence universelle, la substance (11).

Comme partie fondamentale essentielle de ce monisme pur on peut dans un certain sens accepter la théorie des atomes animés, une vieille hypothèse dont il y a déjà plus de deux mille ans Empédocle a donné l'expression dans sa théorie de la haine et de l'amour des éléments. Notre physique et notre chimie actuelles ont déjà accepté d'une manière tout à fait générale l'hypothèse atomique d'abord proposée par Démocrite, puisqu'elles considèrent tous les corps comme constitués d'atomes, et rapportent tous les changements à des déplacements de ces petites parcelles discrètes. Tous ces changements, soit dans la nature organique, soit dans le monde inorganique ne nous paraissent vraiment compréhensibles que si nous considérons les atomes non comme de petites masses de matière morte, mais comme des particules élémentaires vivantes, pourvues de forces d'attraction et de répulsion. Le plaisir et le déplaisir, l'amour et la haine des atomes ne sont que des expressions différentes de cette force d'attraction et de répulsion. La physique désigne très exactement leur énergie cinétique sous le nom de *force vive*, par opposition à l'énergie potentielle, *force de tension*.

Bien que d'un côté le monisme nous apparaisse comme une proposition fondamentale nécessaire de la science de la nature, et bien que le monisme doive aboutir à réduire tous les phénomènes sans exception à la mécanique atomique, nous devons de l'autre accorder cependant que nous sommes pour le moment tout à fait hors d'état de nous faire une idée satisfaisante de l'essence propre des atomes et de leurs relations avec l'éther universel qui remplit l'espace. La chimie est arrivée depuis longtemps déjà à réduire les différents corps de la nature à des combinaisons d'un nombre relativement petit d'éléments. Les progrès de la chimie ont même dans ces derniers temps rendu très vraisemblable que ces éléments ou substances fondamentales jusqu'ici indécomposables ne sont eux-mêmes que diverses formes complexes, constituées par des nombres variables d'atomes d'une seule substance primitive. Il ne nous est cependant encore possible de donner aucune conclusion plus précise sur la nature propre de ces atomes primitifs et sur leurs propriétés élémentaires.

Une série de penseurs des plus subtils s'est jusqu'ici fatiguée en vain à pénétrer plus avant ce problème fondamental de la philosophie naturelle, et à déterminer de plus près la nature de l'atome et ses rapports avec l'éther universel qui remplit l'espace. Cette proposition cependant devient sans cesse plus fondée qu'il n'existe point d'espace vide et que partout les atomes primitifs de la matière pondérable ou de la masse pesante sont séparés par l'éther universel, homogène, répandu dans l'espace universel. Cet éther, très subtil et léger, sinon impondérable, produit par ses ondulations tous les phénomènes de lumière et de chaleur, d'électricité et de magnétisme. On peut se le représenter soit comme une substance continue, remplissant l'intervalle entre les atomes, ou comme composé lui aussi de particules discrètes. Il faudrait alors attribuer à ces atomes de l'éther une force intrinsèque de répulsion, en opposition avec la force d'attraction inhérente aux atomes de matière pondérable. C'est par l'attraction des derniers et la répulsion des seconds que s'expliquerait à son tour toute la mécanique de la vie universelle. On pourrait aussi rapporter « l'action de l'espace universel » dans le sens du professeur Schlesinger aux vibrations de l'éther universel.

La physique théorique a cependant fait dans ces derniers temps un progrès élémentaire de très grande importance, qui a rapproché la connaissance de cet éther universel et placé la question de sa nature, de sa structure, de son mouvement, à la frontière de la philosophie naturelle moniste. Il y a peu d'années encore, l'éther cosmique paraissait à la plupart des savants une substance impondérable, dont on ne savait proprement rien, et qu'il fallait seulement admettre d'une manière provisoire comme une hypothèse dont le secours était nécessaire. Cela a complètement changé depuis que Henri Herz (1888) nous a éclairés sur la nature de la force électrique. Par ses belles expériences il a vérifié la prévision de Faraday que la lumière et la chaleur, l'électricité et le magnétisme étaient des manifestations proches parentes d'un seul groupe de forces et résultaient de vibra-

BIBLIOTHÈQUE ... IMPRIMÉS

tions transversales de l'éther. La lumière même, de quelque nature qu'elle soit, est toujours et partout une manifestation électrique. L'éther lui-même n'est plus hypothétique, son existence peut être rendue à chaque instant manifeste par des expériences électriques et optiques. Nous connaissons la longueur des ondes lumineuses et des ondes électriques. Bien plus, certains physiciens pensent pouvoir aussi évaluer approximativement la densité de l'éther. Quand à l'aide d'une machine pneumatique nous retirons d'une cloche de verre la masse d'air atmosphérique, à l'exception d'un léger résidu, la quantité de lumière demeure invariable au dedans : nous voyons de l'éther en vibration (12)!

Ces progrès dans la connaissance de l'éther constituent un gain énorme pour la philosophie moniste. En effet, par là les propositions erronées sur l'espace vide et l'action des corps à distance sont éliminées. L'espace infini de l'univers, bien que les atomes pesants, la matière pondérable, ne l'occupent pas tout entier, est rempli par l'éther. Notre notion du temps et de l'espace sera tout autre que celle enseignée il y a encore cent ans par Kant. Le système critique du grand philosophe de Kœnigsberg montre dans cette circonstance, comme dans l'explication téléologique du monde organisé et dans sa métaphysique, une faiblesse dogmatique qu'on est en droit de relever (13). Oui, la théorie de l'éther prise comme base de foi peut nous fournir une forme rationnelle de religion, si l'on oppose à l'éther universel et mobile, divinité créatrice, la masse inerte et lourde, matière de la création (14).

Mais à notre esprit de chercheur, satisfait d'avoir atteint heureusement ce sommet de la connaissance moniste, s'offrent déjà de nouvelles perspectives surprenantes, qui nous permettent de nous approcher encore plus près de la solution de l'unique grande énigme du monde. Comment se comporte cet éther universel, léger, actif, à l'égard de la masse lourde et inerte, de cette matière pondérable que nous étudions chimiquement et que nous pouvons supposer seulement constituée d'atomes? Notre chimie analytique actuelle a besoin de tenir compte encore d'environ soixante-dix matières indécomposables ou éléments. Cependant les relations réciproques de ces éléments, leur parenté par groupes, leurs propriétés spectroscopiques, etc., rendent très vraisemblable qu'ils sont historiquement tous de simples produits d'évolution, constitués par les dispositions et les corrélations différentes d'un nombre variable d'atomes primitifs.

A ces atomes primitifs, masse-atomes, ces dernières particules discrètes de la matière pondérable inerte, nous pouvons avec plus ou moins de vraisemblance attribuer un certain nombre de qualités fondamentables éternelles et immuables. Ils sont vraisemblablement partout dans l'espace les mêmes comme grandeur et comme propriétés. Bien qu'ils présentent en dernière analyse une grandeur déterminée, ils ne sont plus divisibles en raison de leur nature même. Leur forme est parfaitement sphérique, ils sont inertes, dans le sens de la physique, invariables, non élastiques, impénétrables à l'éther. En dehors de leur immuabilité, la principale propriété de ces atomes primitifs est leur affinité chimique, leur tendance à se placer à côté les uns des autres, et à s'unir en petits groupes d'après des formes déterminées par des lois. Fixes dans les conditions actuelles de l'existence physique de la terre, ces groupes d'atomes primitifs sont les atomes élémentaires, les atomes indécomposables connus en chimie. Les différences qualitatives de nos éléments chimiques, immuables pour notre science empirique actuelle, sont cependant dues seulement au nombre et à la position différente d'atomes primitifs de même nature unis entre eux. Ainsi par exemple l'atome de carbone, ce véritable créateur du monde organique! est très vraisemblablement un tétraèdre, composé de quatre atomes primitifs.

Depuis que Mendeleieff et Lothar Meyer (1869) ont découvert la loi de périodicité des éléments chimiques, et ont fondé sur elle leur système naturel, ce précieux progrès de la chimie théorique a été de nouveau utilisé par Gustave Wendt dans le sens de la théorie de l'évolution. Il cherchait à établir que les différents éléments étaient des états de développement, ou des combinaisons historiquement produites par six éléments fondamentaux, et que ces derniers étaient à leur tour les produits historiques d'un seul élément primitif. Crookes dans sa *Genèse des éléments* avait déjà donné à cette substance primitive hypothétique le nom de matière primitive ou Protyle (15). La démonstration expérimentale de cette substance primitive, qui est la base de toute matière pondérable, n'est peut-être qu'une question de temps. Sa découverte remplira vraisemblablement les espérances des alchimistes, de transmuter artificiellement en or et en argent d'autres éléments. Mais ici l'on rencontre cette nouvelle grande question : comment s'établissent les rapports de cette matière primitive avec l'éther? Ces deux substances primitives sont-elles en antinomie essentielle et éternelle? Ou bien l'éther actif n'a-t-il peut-être pas lui-même précédé et engendré la masse pondérable (16)?

Comme réponse à cette grande question fondamentale, on a déjà présenté plusieurs hypothèses physiques. Jusqu'à présent cependant les différentes hypothèses atomiques de la chimie n'ont pas des bases bien satisfaisantes, et il me paraît en être de même de l'hypothèse pleine de sens que l'orateur de cette réunion a développée à l'instant sur l'action de l'espace universel. Comme il le dit justement lui-même, il ne s'agit, pour le moment, dans toutes ces tentatives de philosophie naturelle que d'articles de foi scientifiques, sur le bien-fondé desquels on peut avoir les vues les plus différentes selon son jugement subjectif et son degré d'instruction. Je crois que la solution de ce grand problème est encore, pour le moment, de l'autre côté des limites de la connaissance de la nature, et que nous devons encore pour longtemps nous contenter de dire *ignoramus* sinon *ignorabimus*.

Il en est tout autrement, si nous reportons nos regards de cette hypothèse élémentaire atomique sur les rapports historiques de l'évolution universelle, telle qu'elle nous a été révélée par les grandioses progrès faits dans la connaissance de la nature pendant ces trente dernières années. Un nouveau domaine inattendu s'est ouvert là, en dehors des limites de notre connaissance de la nature, domaine où il a été permis de résoudre de la manière la plus surprenante une infinité de problèmes de l'ordre le plus important, auparavant considérés comme insolubles (17).

Au-dessus de toutes les autres conquêtes de l'esprit humain se place notre moderne théorie de l'évolution. Déjà pressentie il y a plus d'un siècle par Goethe, mais formulée d'une manière satisfaisante seulement au commencement de ce siècle par Lamarck, elle a été finalement établie par Charles Darwin il y a trente-trois ans (18). Sa théorie de la sélection a comblé la lacune que Lamarck avait laissée ouverte dans sa théorie de l'influence réciproque de l'hérédité et de l'adaptation. Nous savons maintenant avec certitude que le monde organique s'est développé sur notre terre d'une manière continue, d'après « des lois d'airain éternelles », comme celles qu'avait démontrées Lyell dès 1830 pour le globe inorganique. Nous savons que les innombrables espèces différentes d'animaux et de plantes qui ont habité notre planète dans le cours de millions d'années ne sont que les rameaux d'une souche unique. Nous savons que le genre humain lui-même ne représente qu'un des rameaux les plus jeunes, les plus élevés et les plus parfaits de la souche des vertébrés.

Une série ininterrompue de procès naturels évolutifs, se développant d'après des lois fixes, conduit maintenant l'esprit du penseur à travers les Eons d'un état primitif chaotique de l'univers jusqu'à notre Cosmos actuel. D'abord nous n'avons rien de plus dans l'espace infini que l'éther élastique mobile, et d'innombrables particules discrètes, homogènes, dispersées dans son sein, les atomes primitifs. Peut-être ceux-ci sont-ils eux-mêmes à l'origine les points de condensation de la substance vibrante dont le reste représente l'éther. Quand les atomes primitifs ou atomes de masse se sont réunis en groupes par nombres déterminés, nos atomes élémentaires se trouvent constitués. Conformément à l'hypothèse de la nébuleuse de Kant et Laplace, les sphères tournantes se séparent de cette nébuleuse primitive en vibration. Notre soleil n'est qu'un de ces milliers de globes, et avec lui les planètes qui sont sorties de lui par l'effet de la force centrifuge. Notre insignifiante terre n'est qu'une simple planète de notre système solaire, toute sa vie individuelle est le produit de la lumière du soleil. Après que le globe incandescent de la terre s'est refroidi jusqu'à un certain degré, de l'eau liquide se précipite en gouttes sur la croûte solidifiée de sa surface, première condition de la vie organique. Les atomes de carbone commencent leur action organogène et s'unissent avec les autres éléments en combinaisons plastiques coagulables. Un petit grumeau de plasma dépasse les limites de la cohésion et de la croissance individuelle, il se divise en deux moitiés semblables. Avec cette première monère commencent la vie organique et sa fonction propre, l'hérédité. Dans le plasma de la monère homogène s'isole un noyau central plus dense, au milieu d'une masse plus molle; par cette différenciation du nucléus et du protoplasme, la première cellule organique est formée. Longtemps de tels protistes ou êtres primitifs unicellulaires habiteront seuls notre planète. Les *histones* inférieurs, plantes et animaux pluricellulaires, ne sont produits que plus tard par l'évolution des *cénobies* ou unions sociales.

Sous la direction assurée des trois grandes sciences expérimentales des origines, la paléontologie, l'anatomie comparée et l'ontogénie, la phylogénie nous conduit pas à pas des plus anciens métazoaires, des animaux pluricellulaires les plus simples jusqu'à l'homme. A la racine la plus basse de l'arbre généalogique commun des métazoaires se trouvent les gastréades et les spongiaires; leur corps tout entier ne consiste dans le cas le plus simple qu'en un sac gastrique arrondi, dont les parois épaisses représentent deux couches de cellules, les deux feuillets blastodermiques primitifs. Un état blastodermique correspondant, la gastrula à deux feuillets, se trouve transitoirement dans l'embryogénie de tous les autres métazoaires, depuis les rayonnés et les vers jusqu'à l'homme. Du tronc commun des helminthes ou des vers inférieurs se développent comme divisions principales et indépendantes les quatre branches séparées des mollusques, des zoophytes, des articulés et des vertébrés. Ces derniers seuls concordent avec l'homme dans toutes les particularités essentielles de la morphologie et de l'embryologie. Une longue série de vertébrés aquatiques inférieurs (amphioxus, lamproies, poissons) précède les amphibies pulmonés; ceux-ci apparaissent d'abord dans le carbonifère. A la suite des amphibies viennent dans la période permienne les premiers amniotes, les plus anciens reptiles. De ceux-ci se développent plus tard à l'époque du trias les oiseaux d'une part et les mammifères de l'autre.

Que l'homme par sa structure toute entière soit un véritable mammifère, on le sait depuis le premier moment où l'on a compris l'unité naturelle de cette classe supérieure des animaux. La plus simple comparaison devait convaincre l'observateur sans idée préconçue de la proche parenté de forme entre l'homme et les singes, les plus analogues parmi les mammifères. L'anatomie comparée, pénétrant plus profondément, a constaté que toutes les différences morphologiques de l'homme et des anthropoïdes (gorille, chimpanzé, orang), sont moins importantes que les différences correspondantes entre ces anthropoïdes et les autres singes. L'importance phylogénique de cette proposition de Huxley saute aux yeux. La grande question de l'origine du genre humain, ou de la place de l'homme dans la nature, la *question des questions*, a reçu maintenant sa réponse scientifique : l'homme descend d'une lignée de mammifères pithécoïdes. L'anthropogénie dévoile la longue chaîne des vertébrés-ancêtres qui ont précédé le développement tardif de ce rejeton le plus hautement évolué (19).

L'importance incalculable de la lumière que cette conclusion de la théorie de la descendance a jetée sur le domaine tout entier de l'histoire naturelle de l'homme est évidente à tous les yeux. Elle étendra chaque année son influence transformatrice sur toutes les branches de la science, à mesure que la croyance dans sa vérité inébranlable fera son chemin. Aujourd'hui les ignorants et les esprits fermés peuvent seuls douter encore qu'elle soit vraie. Bien que çà et là encore un vieux naturaliste puisse nier ses fondements, ou se plaindre du manque de preuves, comme cela s'est produit de la part d'un célèbre pathologiste allemand au Congrès anthropologique de Moscou, le fait démontre seulement que les progrès étonnants de la biologie contemporaine et surtout de l'anthropogénie lui sont restés étrangers. Toute la littérature moderne de la biologie, toute notre zoologie, notre botanique, notre morphologie, notre physiologie, notre anthropologie et notre psychologie modernes sont pénétrées de la théorie de la descendance et fécondées par elle (20).

De même que la théorie naturelle de l'évolution, sur la base moniste, a éclairé et illuminé tout le domaine des phénomènes naturels physiques, elle en fait autant de celui de la vie psychique, qui ne peut en être séparée. Notre corps humain s'est formé lentement et par degrés au travers d'une longue série de vertébrés ancestraux; il en est de même de notre âme. Fonction de notre cerveau, elle s'est graduellement développée en corrélation avec cet organe. Ce que nous appelons brièvement âme humaine n'est que la somme de nos sensations, de nos volontés et de nos pensées, la somme des fonctions psychologiques, dont les microscopiques cellules ganglionnaires de notre cerveau représentent les organes élémentaires. Comment l'admirable structure de ce dernier, notre pensoir humain, s'est, dans le cours de millions d'années, développé au-dessus des formes cérébrales des vertébrés inférieurs et supérieurs, c'est ce que nous montrent l'anatomie comparée et l'ontogénie. Comment, en corrélation avec lui, l'âme même, fonction cérébrale, s'est développée, c'est ce que nous apprend la psychologie comparée. Cette dernière nous montre aussi comment une forme inférieure d'activité psychique se rencontre déjà chez les animaux les plus inférieurs, les protistes unicellulaires, les infusoires et les rhizopodes. Tout naturaliste qui a, comme moi, observé pendant de longues années l'activité psychique des protistes unicellulaires, est positivement convaincu qu'eux aussi possèdent une âme. Cette âme cellulaire est, elle aussi, constituée par une somme de sensations, d'idées et d'actes de volonté; les sensations, la pensée et la volonté de notre âme humaine sont seulement des développements graduels de ceux-là. De même, on rencontre aussi une âme cellulaire héréditaire, en énergie potentielle, dans l'œuf, duquel l'homme évolue comme les autres animaux (21).

Le premier devoir de toute psychologie vraiment scientifique ne devra donc pas être, comme jusqu'ici, la spéculation oiseuse sur la nature de l'âme immatérielle et distincte, et son union temporaire douteuse avec le corps animal, mais plutôt la recherche comparative des organes de l'âme et l'épreuve expérimentale de leurs fonctions psychiques. La psychologie scientifique est, un effet, une partie de la physiologie, la théorie des fonctions ou de l'activité vitale des organismes. Comme la physiologie et la pathologie nouvelles, la psychologie et la psychiâtrie de l'avenir doivent se faire cellulaires et en première ligne rechercher les fonctions psychiques des cellules. Quelles importantes conclusions nous apporte une telle psychologie cellulaire dès les degrés les plus inférieurs de la vie organique, chez les protistes unicellulaires, spécialement les rhizopodes et les infusoires, Max Verworn l'a récemment montré dans ses belles *Études psycho-physiologiques sur les Protistes.*

Les mêmes catégories principales d'activité psychique que nous trouvons déjà dans l'organisme unicellulaire, les phénomènes d'irritabilité, de sensibilité et de motilité, se laissent aussi constater chez tous les organismes pluricellulaires, comme fonction des cellules qui composent leur corps. Chez les métazoaires les plus inférieurs, les invertébrés des classes des spongiaires et des polypes, il n'y a encore, comme chez les plantes, aucun organe de l'âme particulier, et toutes les cellules du corps participent plus ou moins à la vie psychique. Chez les animaux supérieurs seulement, cette fonction paraît localisée et attachée à un organe particulier. Par suite de la division du travail, divers organes sensitifs se sont spécialisés chez eux comme instruments de la sensation, des muscles comme organes du mouvement volontaire, des centres nerveux ou ganglions comme organes centralisateurs et régulateurs. Dans les branches les plus développées du règne animal, ces centres deviennent, de plus en plus évidemment, les organes spéciaux de l'âme. En raison de la structure extraordinairement développée de leur système nerveux central, du cerveau avec son tissu prodigieux de cellules ganglionnaires et de fibres nerveuses, leur activité multiple atteint aussi un degré d'élévation digne d'admiration.

C'est seulement dans ce groupe hautement développé du règne animal que nous constatons avec certitude cette fonction la plus parfaite du système nerveux central que nous appelons la conscience. On sait que jusqu'ici cette fonction, la plus noble du cerveau, est encore souvent présentée comme un phénomène tout à fait mystérieux, et comme la meilleure preuve de l'existence immatérielle d'une âme immortelle. Sur ce point, on a recours d'ordinaire au célèbre *Ignorabimus* du physiologiste berlinois du Bois-Reymond dans son discours sur les limites de la connaissance de la nature (1872). Ce fut une véritable ironie du destin que le célèbre rhéteur de l'Académie des sciences de Berlin, dans ce discours si discuté, ait, il y a quelque vingt ans, présenté la conscience comme une merveille inconcevable et un obstacle insurmontable de la connaissance, juste au moment où le plus grand théologien de notre siècle, David Frédéric Strauss, démontrait le contraire. L'auteur pénétrant de l'*Ancienne et la nouvelle Foi* avait déjà clairement reconnu que toute l'activité psychique de l'homme, et même sa conscience, découlent d'une même source, comme fonctions du système nerveux central et doivent, au point de vue moniste, être soumis au même jugement. Cette notion demeurait fermée à l'*exact* physiologiste de Berlin et, avec une myopie intellectuelle inconcevable, il plaçait cette question neurologique spéciale à côté de la « grande énigme de l'univers » de la question fondamentale de la substance, la question générale de la matière et de la force (22).

Comme je l'ai déjà montré il y a longtemps, ces deux grandes questions ne sont pas deux différentes « énigmes de l'univers ». Le problème neurologique de la conscience n'est qu'un cas particulier du problème cosmologique qui comprend tout, la question de la substance. Si nous avions saisi l'essence de la matière et de la force, nous aurions compris aussi comment la substance qui est notre *substratum*, peut, dans des conditions données, sentir, désirer et penser. La conscience est de la même manière que la sensation et la volonté des animaux supérieurs, un travail mécanique des cellules ganglionnaires et, comme telle, se ramène à un processus physique et chimique dans leur plasma. Nous arrivons en outre, par l'application des méthodes génétiques et comparées, à la conclusion que la conscience, et tout aussi bien la raison, ne sont pas des fonctions cérébrales exclusivement propres à l'homme. Tout au contraire, celle-ci se rencontre aussi chez beaucoup d'animaux supérieurs, non seulement vertébrés, mais même articulés. C'est seulement d'une manière qualitative, par un degré plus élevé d'évolution, que la conscience de l'homme diffère de celle des animaux les plus parfaits, et il en est de même pour toutes les autres formes de l'activité psychique de l'homme.

Par cesrésultats et par d'autres de la physiologie comparée, toute notre psychologie sera établie sur une base nouvelle, sûre, moniste. Ainsi sera renversée cette vieille idée mystique de l'âme qui se rencontre encore aujourd'hui chez les peuples à l'état de nature et aussi dans les systèmes des philosophes dualistes. D'après elle, l'âme de l'homme (et des animaux supérieurs?) serait une essence particulière, qui habite et gouverne le corps seulement pendant sa vie individuelle, mais l'abandonne à la mort. Cette « théorie du piano » très répandue compare l'âme immortelle à un pianiste qui joue sur l'instrument du corps mortel un morceau intéressant, la vie individuelle, et qui, à la mort, s'en retourne dans l'autre monde. Cette âme immortelle nous est bien donnée comme quelque chose d'immatériel, mais, en fait, elle nous est représentée tout à fait matérielle, comme quelque chose de subtil, d'invisible, aérien ou gazeux, ou semblable à la substance active de l'éther, extrêmement légère et ténue, comme la physique actuelle l'admet. Il en est de même de la plupart des représentations que les sauvages grossiers et les classes incultes des peuples civilisés se sont faites depuis des siècles des esprits et des dieux. En allant au fond des choses on trouve qu'il s'agit là, comme pour les esprits des spirites modernes, non pas d'une chose vraiment immatérielle, mais d'un corps gazeux, invisible. En général, nous sommes incapables de nous représenter exactement une substance vraiment immatérielle. Comme Goethe l'avait déjà clairement reconnu, la matière ne peut exister ni agir sans l'esprit, ni l'esprit sans la matière.

En ce qui concerne l'immortalité, cette conception importante a subi notoirement des interprétations et des modifications diverses. On oppose fréquemment à notre monisme qu'il nie absolument l'immortalité : cependant cela n'est pas vrai. Bien plus, nous la regardons dans le sens strictement scientifique, comme une conception fondamentale de notre philosophie moniste de la nature. L'immortalité, dans le sens scientifique, est la conservation de la substance, c'est-à-dire ce que l'on définit en physique par conservation de l'énergie, et en chimie par conservation de la matière. L'univers, dans son ensemble, est immortel. Aussi peu il est possible que la plus petite parcelle de matière ou de force ait jamais péri dans l'univers, aussi peu il est probable que cela puisse arriver aux atomes de notre cerveau ou aux forces de notre esprit. A notre mort disparaît seulement la forme individuelle sous laquelle se présentait la substance nerveuse, et l'âme personnelle qui représentait son travail. Les combinaisons chimiques compliquées de la masse nerveuse se décomposent et donnent lieu à d'autres combinaisons, et les forces vivantes, produites par elles, se transforment en d'autres modes de mouvement.

> Le grand César, mort et devenu limon
> Ferme aujourd'hui un trou contre le vent du Nord;
> L'argile qui autrefois épouvanta le monde entier
> Défend une muraille contre le vent et la pluie.

L'idée d'une immortalité personnelle est au contraire tout à fait insoutenable. Qu'elle soit encore aujourd'hui maintenue d'une manière générale, c'est ce qu'explique la loi physique de l'inertie, car la force d'inertie exerce aussi bien son action sur les cellules ganglionnaires du cerveau que sur les autres corps de la nature. Des idées d'origine très ancienne, transmises par hérédité pendant de nombreuses générations, se conserveront avec la plus grande ténacité dans le cerveau humain, surtout quand elles auront été dès la première jeunesse présentées à l'esprit de l'enfant comme des dogmes irréfutables. De telles croyances héréditaires s'enracinent d'autant plus solidement qu'on se tient plus éloigné de la connaissance rationnelle de l'univers, et qu'elles s'enveloppent dans le manteau mystérieux de la fiction mythologique. Dans le dogme de l'immortalité individuelle interviennent encore l'intérêt supposé que l'homme croit avoir à sa persistance individuelle après la mort, et l'espérance excusable de se voir réserver dans un autre monde bienheureux une compensation pour les espérances déçues et les multiples misères de la vie terrestre.

Il a été souvent soutenu par erreur, de la part des nombreux adhérents de l'immortalité personnelle, que ce dogme était une idée commune, innée chez tous les hommes raisonnables, et que toutes les religions les plus parfaites l'enseignaient. Cela est inexact. Ni le bouddhisme, ni la religion mosaïque ne soutenaient à l'origine le dogme de l'immortalité personnelle, et la plupart des hommes instruits de l'antiquité classique n'y croyaient pas davantage, en particulier à la plus belle époque de la Grèce. La philosophie moniste de ce temps, qui déjà 500 ans av. J.-C. s'était élevée à une si étonnante hauteur de spéculation, ne connaissait pas ce dogme. C'est d'abord par Platon et par le Christ qu'il fut développé dans toute son étendue, et il atteignit pendant le moyen âge une extension si grande que rarement un penseur hardi se risquait à le contredire. La prétention que la croyance de l'immortalité personnelle influe d'une manière particulière sur la nature morale de l'homme en l'ennoblissant n'est pas vérifiée par la sinistre histoire morale du moyen âge, ni davantage par la psychologie des peuples sauvages (23).

Qu'aujourd'hui encore une école vieillie de psychologie purement spéculative soutienne à tort ce dogme irrationnel, il y a là un anachronisme regrettable. Il y a soixante ans cela pouvait encore s'excuser. Alors, en effet, on ne connaissait bien ni la structure fine du cerveau, ni la fonction physiologique de ses diverses parties. Les organes élémentaires, les ganglions cellulaires microscopiques, étaient presque inconnus, de même que l'âme cellulaire des protistes. On n'avait qu'une notion très imparfaite de l'évolution ontogénétique, et on n'avait encore aucune idée de l'évolution phylogénique.

Tout cela s'est complètement modifié dans le cours de ce dernier demi-siècle. La physiologie nouvelle a déjà constaté dans ses grandes lignes la localisation de diverses fonctions psychiques, et leur dépendance à l'égard de parties déterminées du cerveau. La psychiâtrie a démontré que ces fonctions psychiques étaient troublées ou anéanties quand ces parties du cerveau étaient malades ou détruites. L'histologie des cellules ganglionnaires nous a dévoilé leur structure très compliquée et leur situation. D'une importance décisive pour cette question du plus haut intérêt sont les découvertes de ces dix dernières années sur les phénomènes les plus délicats de la fécondation. Nous savons maintenant qu'ils consistent essentiellement dans la copulation ou fusion de deux éléments cellulaires microscopiques, l'œuf femelle et le spermatozoïde mâle. Le moment où les noyaux de ces deux cellules sexuelles se fusionnent représente exactement celui où le nouvel individu humain commence. La cellule souche qui vient de se former, l'œuf fécondé, contient déjà en puissance toutes les propriétés corporelles et intellectuelles dont l'enfant hérite des deux parents. C'est une contradiction évidente pour la raison pure que d'admettre une vie éternelle pour une manifestation individuelle dont nous pouvons exactement apprécier, par l'observation directe, le commencement dans le temps. C'est pourquoi, dans une appréciation rationnelle de la vie intellectuelle de l'homme, nous ne pouvons pas plus séparer notre âme individuelle du cerveau que le mouvement volontaire de nos bras ne peut être séparé de la contraction de ses muscles, ou la circulation du sang de l'action du cœur.

Contre cette conception strictement physiologique, on élèvera encore comme une injure l'objection de matérialisme, de même que contre tout notre aperçu des rapports de la force et de la matière, de l'âme et du corps. J'ai déjà dit plus haut que ce gros mot n'avait rien à faire ici. On pourrait tout aussi bien employer à sa place celui de spiritualisme, son contraire apparent. Le penseur critique, qui connaît l'histoire de la philosophie, sait que ces sortes de mots prennent les significations les plus diverses dans les divers systèmes. Pour le matérialisme vient s'ajouter encore la différence essentielle de la signification théorique et pratique, les deux sont entièrement différentes. Notre conception du monisme ou philosophie de l'unité est au contraire claire et sans équivoque. Pour lui un esprit vivant immatériel est aussi inconcevable qu'une matière sans esprit et sans vie. Dans chaque atome les deux sont inséparablement unis. L'idée de dualisme — (ou de pluralisme dans d'autres systèmes antimonistes) — sépare l'esprit et la force de la matière, comme deux substances essentiellement différentes; mais que l'une des deux puisse exister sans l'autre et se laisser constater, on n'en apporte aucune preuve expérimentale.

En indiquant ici sommairement ces conséquences psychologiques si vastes de la théorie moniste de l'évolution, j'aborde un sujet de la plus haute importance, auquel notre orateur a déjà fait allusion dans sa conférence, le terrain de la religion et celui de la croyance en Dieu qui lui est associée. Comme lui, je tiens pour hautement importante la formation d'idées philosophiques claires sur cette base fondamentale de la foi, et je demanderai par suite à l'assemblée la permission de lui présenter dans cette circonstance solennelle une profession de foi publique. Cette conception moniste doit attirer d'autant plus l'attention des esprits sans idée préconçue que, d'après ma ferme conviction, elle est partagée par les neuf dixièmes au moins des naturalistes vivants. Je crois en effet que cette profession de foi moniste sera partagée par tous les naturalistes qui remplissent les quatre conditions suivantes : 1° Connaissance suffisante de l'ensemble des sciences naturelles, principalement de la théorie moderne de l'évolution ; 2° finesse et clarté de raisonnement suffisantes pour tirer à l'aide de l'induction et de la déduction les conséquences logiques de la connaissance expérimentale ; 3° force morale suffisante pour soutenir les convictions monistes ainsi acquises contre les attaques des systèmes ennemis dualistes et pluralistes ; 4° force d'esprit suffisante pour s'affranchir, en se fondant sur leur propre saine raison, des préjugés religieux régnants et, en particulier, de ces dogmes vides de sens qui nous ont été depuis l'âge le plus tendre solidement implantés dans la mémoire comme des révélations inébranlables.

Si, à ce point de vue indépendant de penseur, nous envisageons en les comparant les nombreuses religions des différents peuples, nous nous trouverons forcés de déclarer insoutenables toutes celles de leurs idées qui sont en antinomie irréductible avec les propositions de la science expérimentale clairement reconnues et établies par la raison critique. Nous devons donc sans plus tarder faire abstraction de tous les récits mythologiques, de tous les miracles et de toutes les soi-disant révélations qui nous auraient été faites par voie surnaturelle. Toutes ces théories mystiques sont irrationnelles, parce qu'elles ne sont constatées par aucune véritable expérience et, au surplus, parce que nous les savons inconciliables avec les faits établis par la connaissance rationnelle de la nature.

Il en est ainsi des légendes chrétiennes et mosaïques, comme de celles des musulmans et des cycles légendaires de l'Inde. Si nous laissons ainsi de côté les divers dogmes mystiques et les révélations inconcevables, il demeure comme noyau précieux et inestimable de la vraie religion, la morale purifiée et fondée sur l'anthropologie rationnelle.

Parmi les nombreuses et diverses formes de religion qui se sont développées pendant les dix mille ans au moins écoulés depuis les grossiers débuts préhistoriques, ces deux religions tiennent assurément le premier rang, qui présentent encore aujourd'hui la plus grande diffusion chez les peuples civilisés, le bouddhisme plus ancien et le christianisme plus récent. Tous deux ont beaucoup de traits communs, tant dans leur mythologie que dans leur éthique. Une partie importante du christianisme est aussi dérivée du bouddhisme indien, tandis qu'une autre partie provient des croyances mosaïques et platoniciennes. Il nous paraît encore, au point de vue de notre civilisation actuelle, que la morale chrétienne a le droit d'être considérée comme plus parfaite et plus pure que celle des autres religions. Nous devons aussi ajouter spontanément que les plus importantes et les plus nobles maximes de l'éthique chrétienne, amour du prochain, fidélité au devoir, amour de la vérité, obéissance aux lois, ne sont aucunement propres au christianisme en soi, mais sont d'origine beaucoup plus ancienne. La psychologie comparée des peuples démontre que ces maximes éthiques fondamentales étaient plus ou moins connues ou pratiquées chez beaucoup d'anciens peuples civilisés bien des siècles avant le Christ.

La plus haute loi morale de la religion rationnelle demeure l'amour du prochain, qui constitue l'équilibre naturel entre l'égoïsme et l'altruisme, entre l'amour de soi et l'amour des autres. Ce que tu veux qu'autrui te fasse, fais-le-lui aussi. Ce haut commandement naturel était enseigné et pratiqué déjà des siècles avant la parole du Christ : « Tu dois aimer ton prochain comme toi-même. » Dans la famille humaine cette maxime était de tout temps considérée comme toute naturelle, car elle était déjà transmise héréditairement par nos ancêtres animaux comme instinct éthique. Elle existait déjà de la même manière, et avec une signification étendue, chez les communautés les plus primitives et chez les hordes des plus anciens peuples, et de même chez les troupes de singes et d'autres animaux sociables. L'amour du prochain, c'est-à-dire la réciprocité d'aide, de soins et de protection apparaît déjà comme un devoir social chez ces animaux vivant en société. Bien que ces fondements moraux de la société se soient plus tard développés davantage chez l'homme, leur plus ancienne origine préhistorique se trouve cependant, comme Darwin l'a démontré, dans l'instinct social des bêtes. Aussi bien chez les vertébrés supérieurs (chien, cheval, éléphant, etc.,) que chez les articulés (fourmis, abeilles, termites, etc.,) la vie commune en sociétés régulières comporte le développement des rapports et des devoirs sociaux. Cela a été pour l'homme le plus puissant levier des progrès intellectuels et moraux.

Sans nul doute la civilisation humaine actuelle doit une grande partie de sa perfection au développement et à l'ennoblissement de la morale chrétienne, mais sa haute valeur a été souvent compromise d'une manière fâcheuse par sa connexion avec des mythes insoutenables et de prétendues révélations. Combien peu ces dernières ont contribué à la formation de la morale, c'est ce que montre le fait historique bien connu que justement l'orthodoxie et la hiérarchie fondée sur elle, le papisme (24), se sont le moins efforcées de remplir les commandements de cette morale. Plus celle-ci est prêchée en théorie, moins on met ses prescriptions en pratique.

Il faut songer aussi qu'une autre partie très considérable de notre civilisation et de notre éthique modernes s'est développée d'une manière entièrement indépendante du christianisme, en particulier par la culture ininterrompue des trésors intellectuels les plus parfaits de l'antiquité classique. L'étude approfondie des classiques grecs et romains y a beaucoup plus contribué que celle des pères de l'Église chrétienne. A cela vient s'ajouter encore dans notre siècle, que l'on appelle déjà avec raison le siècle des sciences naturelles, l'immense progrès de la plus haute culture intellectuelle, dont nous sommes redevables à la connaissance plus étendue de la nature, et à la philosophie moniste qui s'est fondée sur elle. Que cela doive aussi intervenir pour développer notre morale et l'ennoblir, cela n'est pas douteux, et déjà beaucoup d'excellents écrits (de Spencer, Carneri, etc.) sont venus le prouver dans le cours de ces trente dernières années (25).

Contre cette morale moniste qui prend pour base la connaissance rationnelle de la nature, on a élevé le reproche de miner la civilisation actuelle et de favoriser les progrès de la démocratie socialiste moderne, ennemie de la civilisation. Nous considérons ce reproche comme entièrement injustifié. L'application des principes philosophiques aux nécessités pratiques de la vie, et en particulier aux questions sociales et politiques, peut se faire de manières différentes. Le libéralisme politique n'a rien à faire avec la libre pensée de notre religion naturelle moniste. Je suis d'ailleurs convaincu que la morale rationnelle de cette dernière n'est aucunement en contradiction avec la partie bonne et vraiment précieuse de l'éthique chrétienne, et qu'unie avec elle, elle peut encore servir longtemps au vrai progrès de l'humanité.

Sans difficulté, il en est autrement de la mythologie chrétienne, et des formes de la croyance en Dieu particulièrement unies avec elle. En tant que cette croyance implique l'idée d'un Dieu personnel, elle est tout à fait insoutenable en face des progrès récents de la connaissance moniste de la nature. Il a d'ailleurs été déjà démontré il y a plus de deux mille ans par d'éminents défenseurs de la philosophie moniste qu'avec l'idée d'un Dieu personnel, artisan et conducteur de l'univers, il n'y a rien de gagné pour l'explication vraiment rationnelle du monde. A-t-on, en effet, répondu à la question de la création, posée dans le sens vulgaire, en invoquant l'activité merveilleuse d'un Dieu en dehors du monde qui se met à créer dans un certain but, que de nouvelles questions s'élèvent : « D'où vient ce Dieu personnel? Que faisait-il avant la création? Où en a-t-il pris les matériaux? etc. ». C'est pourquoi dans le domaine de la philosophie vraiment scientifique l'idée surannée d'un Dieu personnel anthropomorphe aura perdu crédit d'ici la fin du siècle. La notion corrélative d'un diable personnel, qu'au siècle dernier on opposait encore à Dieu, et auquel on croyait, est déjà complètement abandonnée par les gens instruits de notre époque.

Remarquons en passant que l'amphithéisme, la croyance en un Dieu et un diable, s'accorde d'ailleurs bien mieux avec une explication rationnelle du monde que le pur monothéisme. La forme la plus pure d'amphithéisme se trouve peut-être dans la religion zende des Perses que Zoroastre (Zarathustra, l'étoile d'or), a fondée deux mille ans avant J.-C. On y trouve constamment Ormusd, le Dieu de la lumière et du bien, en lutte avec Ahriman, le Dieu des ténèbres et du mal. La lutte éternelle d'un bon et d'un mauvais principe se trouve personnifiée de la même façon dans la mythologie de beaucoup d'autres religions amphithéistes. Dans l'ancienne Égypte, le bon Osiris combattait le mauvais Typhon, dans l'Inde ancienne, Wischnou, le conservateur, est aux prises avec Siva le destructeur.

Si l'on veut vraiment prendre l'idée d'un Dieu personnel pour base d'une conception du monde, cet amphithéisme explique très simplement les maux et les défauts de ce monde par l'action du mauvais principe ou du diable. Le pur monothéisme, au contraire, qui est la base de la religion primitive de Moïse et de Mohammed, ne peut en donner une explication rationnelle. Si son Dieu unique est véritablement la bonté absolue, un être parfait, il aurait dû faire aussi son univers parfait. Un monde organique imparfait et plein de défauts, comme celui qui existe sur la terre, ne devrait pas se rencontrer.

Ces remarques gagnent en poids quand on pénètre par la biologie nouvelle dans la connaissance plus profonde de la nature. C'est surtout Darwin qui, par sa doctrine de la lutte pour l'existence et par la théorie de la sélection fondée sur elle, nous a ouvert les yeux depuis trente-trois ans. Nous savons depuis lors que toute la nature organique de notre planète ne subsiste que par une lutte sans merci de chacun contre tous. Dès milliers d'animaux et de plantes doivent succomber tous les jours sur chaque point de la terre, pour que les quelques individus élus puissent subsister et jouir de la vie. L'existence elle-même de ces quelques privilégiés est une lutte perpétuelle contre les périls qui les menacent de toutes parts. Des milliers de germes pleins d'espérance doivent inutilement périr à chaque minute. La lutte féroce des intérêts dans la société humaine n'est qu'une faible image de l'existence de combat, incessante et cruelle, qui règne dans tout le monde vivant. La belle fiction de la bonté et de la providence de Dieu dans la nature, que nous écoutions avec dévotion dans notre enfance, il y a quelque cinquante ans, ne trouve plus de croyants aujourd'hui, au moins dans le monde instruit qui pense! Elle a été anéantie par notre connaissance approfondie des rapports réciproques des organismes, par les progrès de l'œcologie et de la sociologie, par la parasitologie et la pathologie.

Tous ces faits désespérants et incommutables, le véritable côté ténèbres de la nature, étaient compréhensibles pour la foi religieuse par l'amphithéisme. Ils apparaissaient comme l'œuvre du démon, qui combat et détruit le cosmos parfait et moral du bon Dieu. Ils demeurent incompréhensibles pour le monothéisme pur, qui reconnaît un Dieu unique, un être seul, de suprême perfection. Si avec cela on continue à avoir à la bouche la *perfection morale de l'univers*, c'est que l'on ferme les yeux sur les faits indiscutables de l'histoire universelle et de l'histoire naturelle.

En nous basant sur ces considérations, nous comprenons difficilement comment aujourd'hui encore la plus grande partie des soi-disant hommes instruits reconnaît d'une part, que la croyance à un Dieu personnel est le fondement indispensable de la religion, et de l'autre rejette la croyance à un diable personnel comme une superstition absurde du moyen âge. Chez les chrétiens instruits cette inconséquence est d'autant plus incompréhensible et blâmable que les deux dogmes représentent des parties également essentielles de la véritable foi chrétienne. On sait que le démon personnel joue sous les noms de Satan, tentateur, trompeur, prince de l'enfer, seigneur des ténèbres, un rôle très important dans le Nouveau Testament, tandis qu'il n'en est pas question dans les vieux écrits de l'Ancien Testament. Notre grand réformateur Martin Luther lui-même, qui a *envoyé au diable* tant de morceaux surannés du dogme, ne pouvait renoncer à la croyance dans l'existence réelle et l'antagonisme personnel de Belzébut : que l'on songe seulement à la tache d'encre historique de la Wartbourg! En outre notre art décoratif chrétien a représenté dans des milliers de tableaux et d'autres représentations figurées, un Satan aussi corporel que les trois bons Dieux personnels, dont la réunion en une seule personne triple a inutilement fatigué la raison humaine depuis dix-huit cents ans. L'impression profonde que de telles représentations concrètes, répétées des millions de fois produisent, en particulier sur l'âme des enfants, est une force colossale que l'on néglige trop. Elle porte certainement une très grande part de responsabilité dans la conservation de mythes si irrationnels sous le masque de vérités de foi, malgré toutes les objections de la raison.

Des théologiens chrétiens libéraux ont d'ailleurs maintes fois cherché à écarter le diable personnel de la doctrine chrétienne, et à le représenter seulement comme la personnification de l'idée du mensonge, comme le génie du mal. Pour la même raison nous devrions donc mettre à la place du Dieu personnel l'idée personnifiée du vrai, le génie du bien. Contre cette conception nous n'avons pas la moindre objection à faire, bien plus, nous la regardons comme un pont précieux qui relie le pays merveilleux de la fiction religieuse à celui de la conception scientifique de la nature.

Notre idée moniste de Dieu qui seule s'accorde avec les notions étendues que nous possédons maintenant sur la nature, reconnaît *l'esprit de Dieu en toutes choses*. On ne peut plus se représenter Dieu comme un être personnel, c'est-à-dire comme un personnage occupant une partie déterminée de l'espace, ou sous une forme humaine. Dieu est plutôt partout. Giordano Bruno le disait déjà : « Un esprit se trouve dans toutes les choses, et il n'y a pas de corps si petit qui ne contienne en soi une parcelle de la substance divine, par laquelle il est animé. » Chaque atome est ainsi pourvu d'âme, et de même l'éther cosmique. On peut donc définir Dieu la somme infinie de toutes les forces naturelles, ou la somme de toutes les forces atomiques et de toutes les vibrations de l'éther. On arrive ainsi essentiellement au même point que le précédent conférencier, qui définit Dieu *la loi suprême du monde*, et le représente comme *l'œuvre de l'espace général*. Peu importe le nom dans cette matière si élevée de croyance, il suffit de l'identité de l'idée fondamentale, l'unité de Dieu et du monde, de l'esprit et de la nature. L'homothéisme, au contraire, l'idée anthropomorphique de Dieu, abaisse ce concept cosmique suprême à l'état de vertébré gazeux (26).

Parmi les divers systèmes de panthéisme que l'idée moniste de Dieu a depuis longtemps inspiré d'une manière plus ou moins claire, celui de Spinoza est de beaucoup le plus parfait. On sait que Goethe accordait aussi à ce système sa haute admiration et son adhésion.

Parmi les autres hommes éminents qui ont orienté leur religion naturelle dans le même sens panthéiste, nous ne voulons citer ici que deux des plus grands poètes, connaisseurs de l'homme : Shakespeare et Lessing, deux des plus grands princes allemands : Frédéric II de Hohenstaufen et Frédéric II de Hohenzollern, deux des plus grands savants : Laplace et Darwin. Puisque notre propre profession de foi panthéiste s'accorde avec celle de ces esprits éminents et indépendants, nous devons encore faire remarquer que par les étonnants progrès accomplis par la connaissance de la nature dans ces trente dernières années, elle a acquis des bases expérimentales que l'on ne pouvait pressentir avant.

Le reproche d'athéisme que l'on élève encore maintenant contre notre panthéisme et contre le monisme qui lui sert de base ne trouve plus d'écho dans les cercles vraiment éclairés d'aujourd'hui. Il est vrai cependant que le chancelier actuel de l'empire allemand a pu poser encore, au commencement de cette année, cette alternative singulière à la chambre des députés de Prusse : « Ou une conception chrétienne du monde, ou une conception athée. » Il s'agissait alors de la défense de cette célèbre loi scolaire qui était destinée à remettre l'enseignement, les mains liées, à la hiérarchie papale. L'intervalle considérable qui sépare cette déformation de la religion chrétienne du pur christianisme primitif n'est pas plus grand que celui de cette alternative du moyen âge à la religion éclairée de nos jours. A l'égard de celui qui regarde comme de véritables pratiques chrétiennes l'adoration de vieux débris de vêtements et de poupées de cire, ou la psalmodie sans pensée de messes et de rosaires, de celui qui croit aux reliques miraculeuses, et qui cherche le pardon de ses péchés dans l'achat des indulgences et dans le denier de Saint-Pierre, nous lui laissons très volontiers ses prétentions à la seule religion qui sauve. Pour ce fétichiste, nous consentons bien à passer pour athée.

Aussi peu fondé que l'accusation d'athéisme et d'irréligion est le reproche souvent entendu que notre monisme détruit la poésie, et ne satisfait pas les besoins du sentiment humain. L'esthétique en particulier, un domaine assurément de grande importance autant pour la philosophie théorique que pour la pratique de la vie, serait menacée par la philosophie moniste de la nature. Déjà David Frédéric Strauss, un de nos plus délicats esthéticiens et de nos plus nobles écrivains, avait réfuté cette objection et montré que la culture de la poésie et le culte du beau étaient appelés à jouer un bien plus grand rôle dans notre nouvelle foi. Pour vous, messieurs, qui êtes naturalistes et amis de la nature, je n'ai pas besoin de vous montrer combien la pénétration plus profonde de notre intelligence dans la connaissance des secrets de la nature échauffe nos sentiments, apporte une nourriture nouvelle à notre imagination et agrandit notre conception du beau. Pour se convaincre combien étroitement ces matières sont en rapport direct avec les plus nobles manifestations de l'esprit humain, combien la connaissance de la vérité se rattache directement à l'amour du bien et au culte du beau, il suffit de citer un seul nom, celui du plus grand génie de l'Allemagne, Wolfgang Goethe.

Si la signification esthétique de notre religion naturelle moniste et sa valeur morale n'ont pas beaucoup pénétré jusqu'ici dans l'esprit des hommes instruits, cela est dû surtout à notre enseignement scolaire défectueux. On a bien dans ces dix dernières années disserté et écrit sans fin sur la réforme de l'enseignement et les méthodes d'éducation, mais de progrès réel on ne voit guère trace. Là aussi règne la loi physique d'inertie, là aussi, et tout particulièrement dans les écoles allemandes, la scolastique du moyen âge exerce une puissance immobilisante contre laquelle la réforme rationnelle de l'enseignement doit péniblement conquérir le terrain pas à pas. Dans cet ordre de choses si important, duquel dépend le bonheur et le malheur des générations à venir, il n'y aura aucun progrès tant que la connaissance moniste de la nature ne sera pas reconnue comme base solide et indispensable.

L'école du vingtième siècle, fleurissant sur cette base nouvelle et solide, ne devra pas seulement découvrir à la jeunesse grandissante les merveilleuses vérités de l'évolution universelle, mais aussi les inépuisables trésors de beauté qui y sont partout cachés. Que nous admirions la splendeur des hautes montagnes ou le monde merveilleux de la mer, que nous observions avec le télescope les merveilles infiniment grandes du monde étoilé, ou avec le microscope les merveilles encore plus étonnantes de la vie des infiniment petits, le Dieu-Nature nous offre partout une source inépuisable de jouissances esthétiques. Aveugle et obtuse est jusqu'ici la plus grande part de l'humanité au milieu de ce splendide et merveilleux monde terrestre qu'une théologie morbide et contre nature nous désigne comme une vallée de larmes. Il faut enfin ouvrir les yeux à l'esprit humain qui progresse puissamment, il faut lui montrer que la connaissance vraie de la nature fournit une pleine satisfaction et un aliment inépuisable non seulement à sa raison en travail, mais aux aspirations de ses sentiments.

L'étude moniste de la nature comme connaissance du vrai, l'éthique moniste comme apprentissage du bien, l'esthétique moniste comme culte du beau, voilà les trois points principaux de notre monisme. Par leur développement harmonique et coordonné, nous acquérons le lien véritablement satisfaisant entre la religion et la science qui aujourd'hui encore est si douloureusement recherché par tant d'esprits. Le Vrai, le Bien et le Beau, voilà les trois divinités sublimes devant lesquelles nous plions dévotement nos genoux. Par leur union naturelle et leur complément réciproque nous obtenons le concept naturel de Dieu (27). C'est à cet idéal de Dieu un et triple, à cette trinité naturelle du monisme que le vingtième siècle qui s'approche dressera ses autels.

Il y a dix ans j'ai assisté aux fêtes du troisième centenaire de l'Université de Wurzbourg, où j'ai il y a quarante ans commencé et continué pendant six semestres mes études médicales. Un excellent discours solennel fut fait dans l'église de l'Université par le Recteur d'alors, le chimiste distingué Johannes Wislicenus. Il termina ses vœux de bénédiction par ces mots : « Plaise à Dieu, esprit du bien et du vrai! » A cela j'ajoute « et esprit du beau ». C'est en ce sens que j'offre aussi à votre Société des naturalistes des provinces orientales mes meilleurs vœux dans cette circonstance solennelle. Puisse la recherche des secrets de la nature fleurir et prospérer encore dans ce coin nord-est de notre terre de Thuringe, et puissent les fruits scientifiques mûris à Altenbourg ne pas être d'une moindre utilité pour la culture de l'esprit et la formation d'une religion vraie que ceux produits il y a trois cent soixante-dix ans environ par le grand réformateur Martin Luther dans l'angle nord-ouest de la Thuringe, à la Wartbourg près d'Eisenach.

A mi-chemin entre Wartbourg et Altenbourg se trouvent à la frontière septentrionale de la Thuringe la classique cité des muses, Weimar, et dans le voisinage l'Université de notre pays, Iéna. Je considère comme un présage favorable que précisément en cet instant une fête d'un caractère rare ait réuni à Weimar les protecteurs de l'Université d'Iéna, les défenseurs de la libre recherche et du libre enseignement (28). Dans l'espoir que leur protection et leur aide nous seront encore conservées dans l'avenir, je conclus ma confession de foi moniste en ces termes : « Plaise à Dieu, l'esprit du Bien, du Beau et du Vrai! »

NOTES

(1) *Les Sélections sociales* (Paris, Fontemoing, 1896), p. 209-342, et *passim* le chapitre de la sélection religieuse, p. 263-298.

(2) *Les Sélections sociales*, chap. XI, sélection morale.

(3) Pour la théologie du sélectionnisme, et le principe moral de la plus grande conscience, voir *Sélections sociales*, chap. XV. Pour la réfutation de la théorie du progrès, même chapitre.

(4) Ernest Haeckel, professeur à l'Université d'Iéna, né à Potsdam le 16 février 1834, fut tour à tour étudiant à Berlin et à Wurzbourg, préparateur de Virchow à Berlin, puis médecin dans cette ville. Déjà connu par des mémoires importants il fut nommé en 1865 professeur de zoologie à Iéna. De cette époque date le commencement d'une série d'œuvres d'inégale étendue, dont les tendances communes font un tout imprégné d'un même esprit. Haeckel a été le créateur de la science nouvelle de la phylogénie, et presque toutes ses publications ont cette science pour objet. Voici la liste des principales.

Die Radiolarien (1862). — *Ueber die Entwickelungstheorie Darwin's* (1863), conférence dans laquelle l'auteur prend position. — *Generelle Morphologie der Organismen* (1866), ouvrage d'une importance considérable, qui contient les bases de la science phylogénique. — *Natürliche Schöpfungsgechichte* (1868), la célèbre *Histoire de la création naturelle,* qui vulgarisa la phylogénie et fit fondre sur l'auteur et sur le darwinisme de formidables et impuissants orages. — *Ueber die Entstehung und Stammbaum des Menschengeschlechtes* (1868), première monographie sur l'origine animale de l'homme. — *Die Kalkschwämme* (1872). — *Anthropogenie* (1874). — *Die Perigenesis* (1876). — *Das System der Medusen* (1879) et ses suites. — *Report on the Radiolaria* (1887). — *Grundriss einer allgemeinen Naturgeschichte der Radiolarien* (1887). — *Plankton Studien* (1890). — *Systematische Phylogenie* (1894-1896), ouvrage capital pour la généalogie du monde animal, que l'auteur, dont une revue d'anthropologie mal informée annonçait l'an dernier la mort, achève en ce moment de publier.

On trouvera une bibliographie plus complète, comprenant 108 ouvrages, mémoires ou éditions publiés de 1855 à 1894, dans *Bericht über die Feier des LX. Geburtstages von Ernst Haeckel*, Iéna, 1894.

Il existe en français des traductions, publiées par la librairie C. Reinwald, de *l'Histoire de la création naturelle* et de l'*Anthropogénie*, ouvrages de vulgarisation qui mieux que ses grands ouvrages scientifiques manifestent les tendances de l'auteur, ainsi que des *Lettres d'un voyageur dans l'Inde.*

(5) Dans le discours solennel que le professeur Schlesinger a prononcé sur ce sujet le 9 octobre à Altenbourg, il a indiqué, avec raison, dans le sens de Kant,

les limites de la connaissance de la nature, qui nous sont imposées par l'imperfection des organes de nos sens. Les lacunes que les recherches expérimentales laissent dans l'édifice de la science, nous pouvons cependant les combler par des hypothèses, par des suppositions plus ou moins vraisemblables. Nous ne pouvons sur le moment les démontrer avec certitude, mais il est permis de les utiliser pour l'explication des phénomènes, tant qu'elles ne contredisent pas les notions rationnelles sur la nature. De telles hypothèses rationnelles sont les *articles de foi scientifiques*, et très différents en cela des prétendus articles de foi des Églises, ou dogmes religieux. Ces derniers sont de pures inventions, sans base expérimentale, ou de simples absurdités, en contradiction avec la loi de causalité. Des hypothèses rationnelles d'importance fondamentale, par exemple, sont la croyance à l'unité de la matière (formation des éléments par groupement d'atomes primitifs, p. 25), la croyance à la génération spontanée, la croyance au principe de l'unité de tous les phénomènes naturels, comme le soutient le monisme (voir ma *Generelle Morphologie*, I, 105, 164 et s., *Histoire de la création naturelle*, tr. fr. 2e éd., p. 19, 299). Les manifestations les plus rudimentaires de la nature inorganique et les plus développées de la vie organique peuvent se ramener également aux mêmes forces naturelles, et puisqu'en outre elles ont leur commun fondement dans un principe originaire unique qui remplit l'espace infini de l'univers, on peut considérer ce dernier, l'éther universel, comme une divinité universelle et formuler comme conséquence cette proposition : « La croyance en Dieu est conciliable avec les sciences naturelles. » Dans cette conception panthéiste comme dans la critique du matérialisme unilatéral, je suis d'accord avec le professeur Schlesinger, bien qu'à d'autres points de vue je ne puisse pas accepter une partie de ses conclusions, en biologie et spécialement en anthropologie (voir son mémoire *Thatsachen und Folgerungen aus dem Wirken des allgemeinen Raumes*, Mittheilungen aus dem Osterlande, V).

(6) L'unité en principe de la nature organisée et de l'inorganique, ainsi que leurs rapports génétiques, sont pour moi un principe fondamental de notre monisme. J'insiste spécialement sur cet article de foi, parce qu'il y a encore des naturalistes renommés pour le combattre. Non seulement on ressuscite de temps en temps la vieille force vitale mystique, mais on objecte encore à la théorie naturelle de la descendance le passage merveilleux de la nature morte inorganique à la vie organique comme une énigme insoluble, une des sept énigmes de l'univers énoncées par du Bois-Reymond (*Discours sur Leibniz*, 1880). La solution de cette énigme transcendantale, et de la question connexe de l'archigonie, la génération spontanée prise dans un sens précis, peut être trouvée seulement par une analyse critique et une comparaison infatigable des matières, des formes et des forces dans la nature organique et inorganique. J'en ai déjà donné un exemple dès 1866. Dans le second livre de ma *Generelle Morphologie* (I, 109-238, Recherches générales sur la nature et la formation première des organismes, leurs rapports avec le monde inorganique et leur division en animaux et plantes). La quinzième leçon de ma *Création naturelle* en contient un bref résumé (tr. fr. 332). Les plus grandes difficultés qui s'opposaient autrefois à la doctrine moniste ainsi exposée peuvent être regardées comme résolues maintenant par les notions récemment acquises sur la nature du plasma, la découverte des monères, l'étude plus exacte des protistes unicellulaires, leurs proches parents, leur comparaison avec la cellule fondamentale ou œuf fécondé, ainsi que par la théorie chimique du carbone (voir mes *Studien über Moneren und andere Protisten*, dans

Jenaische Zeitschrift für Naturwissenschaft, IV, V, 1868-70, voir aussi C. Nägeli, 1884, *Mechanisch-physiologische Begründung der Abstammungslehre*).

(7) Les premières traces de ces hautes fonctions cérébrales que nous appelons raison et conscience, religion et moralité, sont déjà reconnaissables chez les animaux domestiques les plus perfectionnés, surtout chez les chiens, les chevaux, les éléphants; elles ne diffèrent que d'une manière quantitative et non qualitative des formes correspondantes d'activité psychique chez les races humaines inférieures. Si les singes et principalement les anthropoïdes avaient été comme le chien domestiqués depuis des siècles et élevés en communion étroite avec la civilisation humaine, ils se seraient rapprochés des formes humaines d'activité psychique d'une manière certainement beaucoup plus frappante. L'abime profond qui sépare en apparence l'homme de ces mammifères très perfectionnés est principalement dû à ce que l'homme réunit plusieurs qualités capitales qui existent seulement séparées chez les autres animaux : 1° différenciation plus avancée du larynx (langage); 2° du cerveau (âme); 3° des extrémités et 4° finalement de la station droite. C'est simplement l'heureuse combinaison d'un haut degré de développement de ces organes et de ces fonctions importantes qui élève la plupart des hommes si haut au-dessus de tous les animaux (*Generelle Morphologie*, 1866, II, 430).

(8) Comme la discussion de cette importante question continue à ne pas être close, qu'il nous soit permis d'insister particulièrement sur les précieux éléments de solution que nous fournissent le développement des instincts chez les animaux supérieurs, de langage et de la raison chez l'homme. « L'hérédité des qualités acquises pendant la vie individuelle est une hypothèse essentielle de la théorie moniste de l'évolution ». « Si on la nie comme Galton et Weismann, on exclut entièrement l'influence transformatrice du monde extérieur sur la forme organique ». (*Anthropogenie*, IV. Aufl., XXIII, 836, voir aussi les travaux qui y sont cités de Eimer, Weismann, Ray-Lankester, et Ludwig Wilser, *Die Vererbung der geistigen Eigenschaften* (Heidelberg, 1892).

Note du traducteur. La question a sensiblement changé de face dans ces dernières années et les théories biologiques que j'ai développées ailleurs (*Sélections sociales*, p. 48 et s., 56, 105, 128, 140) permettent à mon avis de concilier la négation à peu près complète de l'hérédité des qualités acquises pendant la vie extra-utérine, et l'évolution sous l'influence des milieux. En ce qui concerne l'exemple des chiens, je crois avoir démontré combien peu l'hérédité des qualités psychiques acquises intervient dans son cas (109 sq.).

(9) De toutes les tentatives les plus récentes de la philosophie dualiste pour donner à l'étude de la nature un fondement théologique et précisément sur la base du monothéisme chrétien, l'*Essay on classification* de Louis Agassiz est de beaucoup la plus importante, pour ne pas dire la seule qui vaille la peine d'être citée. Voy. à ce sujet mon *Histoire de la création naturelle*, tr. fr. p. 55 et s., et *Ziele und Wege der heutigen Entwicklunggeschichte*, 1875, Iéna, Zeitschrift für Naturwissenschaft, X. suppl. Quand on compare cette œuvre pleine d'idées du savant zoologiste américain au misérable travail du rénégat darwinien Hamann, on fait à la première une grande injustice.

(10) Darwin et Copernic. Sous ce titre M. le conseiller intime Emile du Bois-Reymond a réimprimé dans le second volume de ses *Gesammelte Reden* (1887, p. 496) un discours qu'il avait prononcé le 25 janvier 1883 à l'Académie des Sciences de Berlin. Ce discours ayant comme l'auteur le dit dans une note (p. 500),

suscité bien à tort beaucoup de bruit, et ayant provoqué de violentes attaques de la part de la presse cléricale, il me sera permis de faire remarquer qu'il ne contient aucune idée nouvelle. J'avais moi-même, il y a quinze ans, développé à fond la comparaison de Darwin et de Copernic, et montré le mérite de ces deux héros qui ont détruit l'anthropocentrisme et le géocentrisme, dans ma conférence *Ueber die Entstehung und den Stammbaum des Menschengeschlechts* (Sammlung gemeinwissenschaftl. Vorträge, S. III, 53-54, 1868, IV. Aufl. 1881). Quand du Bois-Reymond dit : « Pour moi Darwin est le Copernic du monde organique » je me réjouis d'autant plus de voir mes idées acceptées par lui, et souvent dans les mêmes termes, qu'il se met inutilement en opposition avec moi. Il faut en dire autant de l'explication des idées innées par le moyen du darwinisme, que M. du Bois essaie dans son discours *Leibnizische Gedanken in der neueren Naturwissenschaft* (Ges. Reden, I). Ses idées s'accordent de manière à me satisfaire avec celles que j'avais développées quatre ans avant dans ma *Generelle Morphologie*, II, 446, et dans l'*Histoire de la création naturelle*, leçons première et dernière. « Les lois de l'hérédité et de l'adaptation expliquent comment les connaissances *a priori* sont sorties primitivement de connaissances *a posteriori* ». Je ne puis seulement que m'étonner de trouver dans le célèbre rhéteur de l'Académie de Berlin un ami et un partisan de l'*Histoire de la création naturelle* qu'il avait d'abord traitée de mauvais roman. Mais cela ne peut faire oublier son mot, envoyé comme une flèche, que « les arbres généalogiques de la phylogénie ont aussi peu de valeur que ceux des héros d'Homère en ont aux yeux de la critique historique » (*Darwin versus Galiani*, 1876).

(11) La loi de la conservation de la substance, rigoureusement parlant, fait partie des articles de la foi naturelle, et pourrait être le § I de notre religion moniste. Les physiciens actuels considèrent en général et avec raison leur loi de la conservation de la force comme la base inébranlable de leur connaissance scientifique de la nature (Robert Meyer, Helmholtz); de même les chimistes pour leur loi fondamentale de la conservation de la matière (Lavoisier). Seuls les philosophes scientifiques pourraient élever utilement quelques objections contre chacune de ces deux lois fondamentales, et contre leur réunion dans la loi fondamentale suprême de la conservation de la substance. De semblables objections sont encore continuellement tentées de la part de la philosophie dualiste, mais sous l'apparence d'une critique prudente. Ces objections sceptiques, en partie simplement dogmatiques, semblent justifiées seulement en ce qui touche le problème fondamental de la substance, le problème fondamental de l'union de la matière et de la force. S'il faut reconnaître comme subsistant encore cette dernière frontière de la connaissance de la nature, nous pouvons cependant appliquer généralement dans ses limites la loi mécanique de causalité. Les procès psychiques très compliqués, spécialement la conscience, sont soumis à la loi de conservation de la substance, précisément comme les procès mécaniques plus simples qui font l'objet de la physique et de la chimie inorganique.

(12) Dans une conférence d'un grand mérite sur les rapports de la lumière et de l'électricité, Henri Hertz a expliqué à la 62e réunion des Naturalistes et des médecins allemands tenue à Heidelberg en 1889 l'importance de sa brillante découverte. « Ainsi le domaine de l'électricité s'étend à la nature entière. Il nous touche nous-mêmes : nous savons que nous avons réellement un organe électrique, l'œil. D'un côté nous rencontrons la question de l'action immédiate à distance. Dans une autre direction nous rencontrons le problème de la nature de l'électricité.

Et immédiatement connexe avec ces problèmes, s'élève la question capitale de l'essence de l'éther, des propriétés du milieu qui remplit l'espace, de sa structure, de son repos ou de son mouvement, de son infinité ou de ses limites. De plus en plus il semble que ce problème domine tous les autres, que la connaissance de l'éther doive rendre accessible celle des choses impondérables, et de plus l'essence de l'antique matière elle-même, et de ses qualités les plus intimes, la pesanteur et l'inertie. Et la physique actuelle aborde cette question, si par hasard tout ce qui existe n'a pas été créé de l'éther. » Certains philosophes monistes ont déjà répondu affirmativement à cette question, ainsi G. Vogt dans son œuvre profonde *Das Wesen der Electricität und des Magnetismus auf Grund eines einheitlichen Substanzbegriffes* (Leipzig, 1891). Il considère les atomes de masse, ou atomes primitifs de la théorie cinétique de la matière comme des centres individualisés de concentration de la substance continue, remplissant sans intervalle l'univers entier. La partie mobile, élastique, de cette substance comprise entre les atomes et répandue dans tout l'univers est l'éther. Georg Helm de Dresde était depuis longtemps arrivé à des vues semblables sur le terrain de la physique mathématique dans sa publication *Ueber die Vermittelung der Fernwirkungen durch den Aether* (Annalen der Physik und Chemie, 1881, XIV). Il montre que pour l'explication de l'action à distance et de la radiation, il est nécessaire d'admettre seulement une matière, l'éther, c'est-à-dire que pour ces phénomènes toutes les qualités qui peuvent être attribuées à une matière sont sans influence, hormis celle d'être mobile, ou que dans le concept de l'éther il n'est pas utile de faire entrer autre chose que la mobilité.

(13) La nouvelle philosophie allemande se référant pour la plus grande partie à Emmanuel Kant et adorant le grand philosophe de Kœnigsberg d'une manière exagérée, presque comme infaillible, qu'il soit permis de rappeler que son système de philosophie critique est un mélange de monisme et de dualisme. D'importance fondamentale demeureront toujours ses principes critiques de la théorie de la connaissance, la démonstration que nous ne pouvons connaître l'essence profonde et réelle de la substance, la chose en soi, ou l'union de la matière et de la force. Notre connaissance reste de nature subjective, elle est conditionnée par l'organisation de notre cerveau et des organes de nos sens, et peut par suite seulement comprendre le phénomène, que l'expérience lui transmet du monde extérieur. Mais dans ces limites de la connaissance humaine, une connaissance moniste positive de la nature est possible, en opposition avec toutes les fantaisies dualistes et métaphysiques. Un acte important de reconnaissance du monisme se trouve dans la cosmogonie mécanique de Kant et Laplace, l'essai sur l'organisation et l'origine mécanique de tout l'édifice universel, traité d'après les principes de Newton (1755). En général Kant conserve dans le domaine des sciences naturelles inorganiques le point de vue moniste, attachant de la valeur seulement au mécanisme pour l'explication des phénomènes. Dans le domaine des sciences naturelles organiques, au contraire, il en tient compte, mais pas suffisamment. Il croyait en effet devoir invoquer nécessairement non seulement les causes efficientes mais aussi les causes finales (voir la cinquième leçon de mon *Histoire de la création naturelle*, théorie de l'évolution de Kant à Lamarck, tr. fr. p. 93. Voir aussi AlbrechtRay, *Kant und die Naturforschung, Eine Prüfung der Resultate des idealistischen Kriticismus durch den realistischen*, Kosmos, II, 1886). Cela conduisit Kant sur le plan incliné de la théologie dualiste, et plus tard à ses vues métaphysiques insoutenables sur Dieu, la liberté et l'immortalité. Probablement ces erreurs auraient

été évitées si Kant avait eu une profonde culture anatomo-physiologique. Il est certain qu'alors les sciences naturelles étaient encore au berceau. J'ai la ferme conviction que le système de philosophie critique de Kant aurait été tout autre et entièrement moniste s'il avait pu profiter des trésors imprévus de science expérimentale dont nous disposons actuellement.

(14) Les rapports des deux composantes originaires du Cosmos, l'éther et la masse peuvent être assez bien mis en évidence dans l'antithèse suivante, conforme à l'une des nombreuses hypothèses :

Univers = substance = Cosmos.

Ether universel = esprit = substance mobile et active.	Masse universelle = corps = substance inerte et passive.
Capacité vibratoire.	Force d'inertie.
Fonctions principales : électricité, magnétisme, lumière, chaleur.	Fonctions principales : gravité, inertie, affinité élective chimique.
Structure : dynamique, substance continue élastique, non composée d'atomes (?)	Structure : atomique, substance discontinue non élastique, *composée d'atomes.*
Théosophie : Dieu créateur, sans cesse en action.	Théosophie : univers créé, formé passivement.
Action de l'espace universel.	*Effet de la condensation de l'espace*

(15) Gustave Wendt a traité il n'y a pas longtemps les raisons nombreuses et importantes qui plaident en faveur de la nature composée de nos éléments expérimentaux, dans son travail *Die Entwicklung der Elemente, Entwurf zu einer biogenetischen Grundlage für Chemie und Physik* (Berlin, 1891). Voir aussi Wilhelm Preyer, *Die organischen Elemente und ihre Stellung in System* (Wiesbaden, 1891); Victor Meyer, *Chemische Probleme der Gegenwart* (Heidelberg, 1890); W. Crookes, *Die Genesis der Elemente* (Braunschweig, 1888). Sur les différentes conceptions de l'atome, comp. Philipp Spiller, *Die Atomenlehre*, dans *Die Urkraft des Weltalls nach ihrem Wesen und Wirken auf allen Naturgebieten* (Berlin, 1886). Sur la formation de la masse par les atomes, voy. A. Turner, *Die Kraft und Materie im Raume* (Leipzig, 1886, III. Aufl.).

(17) La signification fondamentale de la théorie moderne de l'évolution et de la philosophie moniste qui se fonde est clairement manifestée par l'augmentation continue de sa riche littérature. J'ai cité les écrits les plus importants de cet ordre dans la nouvelle édition de ma *Natürliche Schöpfungsgeschichte* (VIII. Aufl., 1889). Voyez particulièrement Carus Sterne (Ernst Krause) : *Werden und Vergehen. Eine Entwicklungsgeschichte des Naturganzen in gemeinverständlicher Fassung* (III. Aufl., Berlin, 1886). Voir aussi Hugo Spitzer, *Beiträge zur Descendenztheorie und zur Methodologie der Naturwissenschaft* (Graz, 1886); Albrecht Rau, *Ludwig Feuerbach's Philosophie der Naturforschung und die philosophische Kritik der Gegenwart* (Leipzig, 1882); Hermann Wolff, *Kosmos, die Weltentwicklung nach monistisch-psychologischen Principien auf Grundlage der exacten Naturforschung* (Leipzig, 1890).

(18) Il faudrait dire aujourd'hui trente-huit ans.

(19) J'ai défini dès 1866 la notion et le but de la phylogénie, ou histoire de la race, dans le VIe livre de ma *Generelle Morphologie* (II, 301-422). Le contenu essentiel de ce livre, ainsi que les rapports de la phylogénie et de l'ontogénie ou embryogénie ont été développés sous forme vulgarisée dans la IIe partie de

mon *Histoire de la création naturelle.* L'application spéciale à l'homme de ces deux branches de l'histoire de l'évolution est tentée dans mon *Anthropogénie* (Leipzig 1874, IV. Auflage 1891, traduction française par Letourneau, Paris, C. Reinwald, 1877).

(20) Depuis la mort de Louis Agassiz (1873), il n'y a à considérer qu'un seul adversaire notable du darwinisme et du transformisme, R. Virchow. En toute occasion, et encore il y a peu de temps à Moscou, il les a combattus comme « des hypothèses non démontrées ». Voir à ce sujet mon travail *Freie Wissenschaft und freie Lehre, eine Entgegnung auf Rudolf Virchow's Münchener Rede über die Freiheit der Wissenschaft im modernen Staat* (Stuttgart, 1878).

(21) Voyez sur ce sujet mon travail *Zellseelen und Seelenzellen,* dans la Deutsche Rundschau de juillet 1878, reproduit dans le fasc. I de mes *Gesammelte populäre Vorträge;* puis *Zellseele und Cellular-Physiologie,* dans mon mémoire *Freie Wissenschaft und freie Lehre,* Stuttgart, 1878-83; *Natürliche Schöpfungsgeschichte,* VIII. Aufl., 444, 777, et *Anthropogenie,* IV. Aufl., 128, 147. Comparez aussi Max Verworn, *Psycho-physiologische Protisten-Studien,* Iena, 1889; Paul Carus, *The Soul of Man, an investigation of the facts of physiological and experimental Psychology* (Chicago, 1891). Parmi les nouvelles tentatives faites pour réformer la psychologie dans le sens moniste sur la base de l'évolutionnisme, il faut relever particulièrement: G. H. Schneider, *Der thierische Wille, systematische Darstellung und Erklärung der thierischen Triebe und deren Entstehung, Entwicklung und Verbreitung im Thierreiche, als Grundlage zu einer vergleichenden Willenslehre* (Leipzig, 1880). Voyez aussi l'ouvrage complémentaire du même : *Der menschliche Wille vom Standpunkte der neuen Entwicklungstheorie* (1882). Voir encore la *Psychologie* de Herbert Spencer et la 9e édition de W. Wundt, *Menschen- und Thierseele* (Leipzig, 1892).

(22) On soutient encore dans de nombreux écrits la vieille idée de du Bois-Reymond (1871) que la conscience humaine est en soi une des énigmes insolubles de l'univers, un phénomène transcendantal, qui se trouve en antithèse fondamentale avec tous les phénomènes de la nature. C'est sur cette vue que le dualisme fonde son assertion que l'homme est véritablement un être spécial et que son âme personnelle est immortelle. C'est pour cela que l'*Ignorabimus* du discours de du Bois-Reymond est invoqué depuis vingt ans comme un appui par tous les partisans de la conception mythologique de l'univers et proclamé la réfutation du dogme moniste. Le mot final *ignorabimus* a été transporté du futur au présent, et cet *ignoramus* veut dire que nous ne savons rien du tout, ou mieux que nous n'arrivons à rien de clair, et que toute discussion est inutile. Certes le discours fameux de l'*Ignorabimus* reste une œuvre très intéressante d'art oratoire, c'est un beau sermon d'une grande perfection de forme et où défilent rapidement des images de philosophie naturelle, mais il est connu que la majorité, et spécialement celle du beau sexe, juge un beau sermon non d'après les idées qu'il contient véritablement, mais d'après sa valeur esthétique de divertissement. Après que du Bois a largement diverti son auditoire avec les productions incroyables de l'esprit de Laplace, il esquisse à la fin en onze lignes la partie la plus importante de son discours, et n'essaie même pas de répondre à sa question principale, si vraiment l'univers est doublement incompréhensible. J'ai essayé au contraire plusieurs fois de démontrer que les deux limites de la connaissance de la nature sont en réalité les mêmes. Le fait de la conscience et de ses rapports avec le cerveau n'est ni plus ni moins énigmatique que les phénomènes de la vue et de l'ouïe, que celui de la

gravitation, que l'union de la matière et de la force (Comparez mon travail *Freie Wissenchaft und freie Lehre*, Stuttgart, 1878, p. 78, 82, etc.).

(23) Peut-être, dans aucun dogme de l'Église, l'imagination grossièrement matérielle du christianisme ne se manifeste aussi bien que dans les doctrines si respectées de l'immortalité personnelle et de la résurrection de la chair, qui sont connexes. A ce propos, Savage, dans son œuvre remarquable sur *La religion au point de vue de la théorie darwinienne,* fait la très bonne remarque suivante : « Une des accusations que l'Église dirige contre la science est d'être matérialiste. Je pourrais en réponse faire observer que toute l'idée chrétienne de la vie future a été et reste du plus pur matérialisme. C'est le corps matériel qui doit ressusciter et habiter dans un ciel matériel. » Comp. sur ce point Ludwig Büchner, *Das zukünftige Leben und die moderne Wissenschaft* (Leipzig, 1889); Lester Ward, *Cause of Belief in Immortality* (The Forum, VIII, sept. 1889); Paul Carus, *The Soul of Man, an investigation of the facts of physiological and experimental Psychology* (Chicago, 1891). Carus cite très à propos les idées anciennes et modernes sur la lumière et sur l'âme. Comme autrefois, on expliquait la flamme lumineuse par un corps particulier, le phlogistique, de même on expliquait l'âme par une espèce de substance gazeuse. Aujourd'hui, nous savons que la lumière de la flamme est un ensemble de vibrations électriques de l'éther, et l'âme, un ensemble de vibrations du plasma des cellules ganglionnaires. En face de ces conceptions scientifiques, la doctrine de l'immortalité de la psychologie scolastique possède à peu près la même valeur que les images matérielles des Peaux-Rouges sur la vie future, que Schiller a reproduites dans le chant funèbre des Natchez.

(24) Au nombre des phénomènes les plus étonnants du XIXe siècle et des plus honteux pour la raison humaine, se trouve l'influence persistante de cette puissante hiérarchie du Vatican, que nous nommons le papisme. On sait que cette caricature de la religion catholique est en complète opposition avec sa forme primitive. Les vœux de renoncement et d'amour du prochain, de pauvreté et de chasteté, ont depuis longtemps fait place à l'opposé. Les bénédictions morales du christianisme pur, dont la seule base solide est l'Évangile du Nouveau Testament, sont devenues les malédictions des peuples par l'action du papisme. Rien n'est plus honteux, pour le nouvel Empire allemand, que de voir que la minorité du centre ultramontain ait acquis vingt ans seulement après sa fondation une influence décisive sur son sort. La religion ne sert plus que de manteau pour couvrir les visées politiques, mais par la perfection de l'organisation hiérarchique et par la déraison des masses qui obéissent aveuglément, le papisme lui-même est devenu une puissance redoutable.

(25) Toute éthique, aussi bien la morale théorique que la pratique, est comme science des règles en rapport intime avec le concept de l'univers et aussi avec la religion. Je tiens ce principe pour très important, et je l'ai encore soutenu récemment dans mon travail *Ethik und Weltauschauung,* dirigé contre la soi-disant Société allemande pour la culture morale, qu'on vient de fonder à Berlin. Cette société veut enseigner à faire progresser la morale sans toucher aux concepts de l'univers et de la religion (voir la nouvelle revue *Die Zukunft,* publiée par Maximilian Harden, Berlin, 1892, nos 2-7). De même que pour l'ensemble de la science, je reconnais seulement la base moniste comme rationnelle, de même, je prétends qu'il en est ainsi pour l'éthique. Voir sur ce sujet, d'abord les travaux éthiques de Herbert Spencer et B. von Carneri, particulièrement les excellents ouvrages

récents de ce dernier, *Der moderne Mensch* (Bonn, 1891) : *Sittlichkeit und Darwinismus* (1871); *Entwicklung und Glückseligkeit* (1886). Voir aussi Wilhelm Strecker, *Welt und Menschheit* (Leipzig, 1892); Harald Höffding, *die Grundlage der humanen Ethik*, et le grand ouvrage récent de Wilhelm Wundt, *Ethik, eine Untersuchung der Thatsachen und Gesetze des sittlichen Lebens* (Stuttgart, 1892, 2e Aufl.).

(26) Toutes les conceptions variées des croyances religieuses qui attribuent au Dieu personnel des qualités purement humaines peuvent se réunir sous la dénomination d'homothéisme ou anthropothéisme. Pour diverses que soient ces conceptions anthropomorphes dans les religions dualistes et pluralistes, elles contiennent toutes également ce concept irrévérencieux que Dieu est semblable à l'homme et organisé pareillement à lui (homotype). Dans le domaine de l'imagination, de telles personnifications sont recherchées et permises. Dans le domaine de la science, elles ne sont point du tout tolérables; elles le sont encore moins depuis que nous savons que l'homme est sorti vers la fin de l'époque tertiaire d'animaux pithécoïdes. Tout dogme religieux qui représente Dieu comme un esprit sous forme humaine le rabaisse à être un vertébré à l'état gazeux (*Generelle Morphologie*, 1866, Cap. 30: Gott in der Natur). L'expression homothéisme est à double sens et étymologiquement défectueuse, mais vaut mieux pratiquement que celle d'anthropothéisme.

(27) Parmi les nombreuses tentatives faites dans le cours de ces vingt dernières années pour réformer la religion dans le sens moniste sur les bases de la connaissance plus avancée de la nature, la plus importante est sans doute l'œuvre classique de David Friederich Strauss, *Der alte und der neue Glaube* (XI. Aufl. Bonn, 1881, *Gesammelte Schriften*, 12 vol. 1878). Comparez encore M. J. Savage, *Religion in the light of the darwinian Doctrine*; John William Draper, *Geschichte des Conflicts zwischen Religion und Wissenschaft* (Leipzig, 1875); Carl Friedrich Retzer, *Die naturwissenschlaftliche Weltauschauung und ihre Ideale, ein Ersatz für das religiöse Dogma* (Leipzig, 1890); R. Koch, *Natur und Menschengeist im Lichte der Entwiklungslehre* (Berlin, 1891). Sur la phylogénie de la religion, comparez l'œuvre intéressante de U. van Ende, *Histoire naturelle de la croyance* (Paris, 1887).

(28) Le jubilé de la Société des Naturalistes de l'Est fut célébré le 9 octobre 1892 à Altenbourg, pendant que le couple grand-ducal célébrait à Weimar ses noces d'or. Aussi rares que les fêtes de ce genre sont les particularités que présente le couple princier. Le grand-duc Charles-Alexandre, pendant son règne heureux de quarante années, s'est montré le promoteur éminent des sciences et des arts. Comme *Rector magnificentissimus* de notre Université thuringienne d'Iéna, il a toujours couvert de sa protection, palladium suprême, le droit de libre recherche et de libre enseignement du vrai. La grande-duchesse Sophie, héritière et gardienne des archives de Goethe, a donné à Weimar un digne asile au legs précieux de la période la plus brillante de notre littérature, et a rendu récemment accessible à la nation allemande le trésor idéal de la pensée de son plus grand héros intellectuel. L'histoire de la civilisation ne méconnaîtra pas les services que le noble couple princier a rendus à l'évolution supérieure de l'esprit humain, et aussi de la vraie religion.

BIBLIOTHÈQUE ... NIMES

IMPRIMERIE PAUL SCHMIDT
Paris, 20, rue du Dragon.

www.ingramcontent.com/pod-product-compliance
Ingram Content Group UK Ltd.
Pitfield, Milton Keynes, MK11 3LW, UK
UKHW020351250726
13967UKWH00005B/2223